PRINCIPE
FONDAMENTAL
DU DROIT
DES SOUVERAINS.

TOME SECOND.

PRINCIPE
FONDAMENTAL
DU DROIT
DES SOUVERAINS.

Si je pouvois faire ensorte que chaque citoyen eût de nouvelles raisons d'aimer son Prince, sa Patrie, ses Loix, le Gouvernement sous lequel il est né ; je me croirois le plus heureux des mortels.

MONT..... *Préface de l'Esprit des Loix.*

TOME SECOND.

A GENEVE.

Et se trouve, A PARIS,

Chez BRIAND, Libraire, Hôtel de Villiers, rue Pavée Saint-André-des-Arts, n°. 22.

1789.

PRINCIPE
FONDAMENTAL
DU DROIT
DES SOUVERAINS.

SUITE DE LA PREMIÈRE PARTIE.

A PRÉSENT donc, voyant déjà par le raisonnement, la liberté non moins assurée dans la Monarchie, que dans tout autre Gouvernement, du côté de la législation, interrogez de nouveau l'histoire, & par l'exemple de Rome & d'Athènes, c'est-à-dire,

Partialité du peuple d'Athènes dans l'exercice du pouvoir législatif.

par l'exemple des plus fameuses Républiques; apprenez de plus en plus avec quelle sagesse, avec quelle justice, un corps de peuple peut diriger l'exercice du pouvoir législatif. A quel excès de tyrannie le peuple d'Athènes ne s'est-il pas emporté? Les ouvrages de Platon & le banquet de Xénophon suffisent bien pour en rendre témoignage. Ils peignent avec énergie & cette tyrannie du peuple d'Athènes & l'indignation qu'elle causoit à ces grands hommes. Ce peuple n'a-t-il pas porté dans la législation la partialité, l'esprit d'intérêt & d'avidité, jusqu'à faire une loi, qui retranchât les bâtards du nombre des citoyens, non par des vues politiques, mais pour leur ôter leur part du bled que le Roi d'Egypte venoit d'envoyer?

<small>Idée générale que donne M. de Montesquieu de la conduite du peuple Romain dans l'exercice du pouvoir législatif.</small>

APRÈS s'être délivré du despotisme de Tarquin d'abord, ensuite des Décemvirs, après avoir fait incliner sa constitution vers la Démocratie, le peuple romain, il est vrai, ne se regarda pas tout aussi-tôt comme

supérieur à sa propre constitution. Il ne se crut pas en droit de la bouleverser entiérement, & de la rendre démocratique dans toutes ses parties. Il ne se crut pas en droit d'abolir le Sénat, & de le dépouiller de tout son pouvoir & de toutes ses prérogatives. Si, dès les premiers tems, les Plébéiens eussent été préoccupés d'une semblable idée, jamais Rome n'eût acquis l'Empire de l'Univers, &, dans l'enceinte de ses murs, jamais elle n'eût joui de la paix & du calme, qui ne peuvent naître que d'un ordre constant & régulier. Mais la sagesse du peuple romain, dans l'exercice du pouvoir législatif, s'est-elle donc soutenue sans se démentir ? A cet égard, il suffit d'en appeller à l'Auteur des Considérations sur les causes de la grandeur & de la décadence des Romains, qui, sans contredit, a le mieux approfondi leur histoire. Voici comme il s'exprime dans l'Esprit des Loix. « Lorsque le peuple de Rome eut
» obtenu qu'il auroit part aux magistratures

» patriciennes, il étoit naturel de penser que
» ses flatteurs alloient être les arbitres du
» Gouvernement. Non; on vit ce peuple
» qui rendoit les magistratures communes
» aux Plébéiens, élire toujours des Patriciens.
» Parce qu'il étoit vertueux, il étoit ma-
» gnanime. Parce qu'il étoit libre, il dédai-
» gnoit le pouvoir. Mais lorsqu'il eut perdu
» ses principes, c'est-à-dire, l'esprit d'égalité
modéré », (M. de Montesquieu n'est encore
expliqué que par lui-même) « plus ce peuple
» eut de pouvoir, moins il eut de ménage-
» gement, jusqu'à ce qu'enfin, devenu son
» propre tyran & son propre esclave, il perdit
» la force de la liberté, pour tomber dans
» la foiblesse de la licence ».

Traits particuliers de l'imprudence du peuple romain dans l'exercice du pouvoir législatif.
Premier trait: avoir pris les Juges dans l'ordre des

DEMANDE-T-ON quelque trait particulier où l'imprudence du peuple romain dans l'exercice de la puissance législative paroisse fortement caractérisée? Entre plusieurs traits de cette espece que le même Auteur a relevés dans le même ouvrage, il en est un bien frappant, & dont les suites, qu'il n'étoit pas difficile de prévoir, ont été cruellement funestes pour la République. Ces suites même, M. de Montesquieu n'a pas laissé le soin de les rechercher; il les a clairement développées.

Chevaliers, au lieu de continuer à les prendre dans l'ordre des Sénateurs.

« A Rome, dit-il, les Juges furent pris
» dans l'ordre des Sénateurs jusqu'au tems
» des Gracches; Tibérius Gracchus fit or-
» donner qu'on les prendroit dans celui des
» Chevaliers; changement si considérable, que
» le Tribun se vanta d'avoir, par une seule
» rogation, coupé les nerfs de l'ordre des
» Sénateurs ».

« Il faut remarquer, ajoute M. de Mon-
» tesquieu, que les trois pouvoirs peuvent
» être bien distribués par rapport à la liberté
» de la constitution, quoiqu'ils ne le soient
» pas aussi bien dans le rapport avec la li-
» berté du citoyen ».

Mais, après ce début, tout le raisonnement qui va suivre, n'aura-t-il pas de l'obscurité, pour ceux à qui l'ouvrage, dont il fait partie, ne fera pas affez préfent ? Un éclairciffement, puifé comme il eft jufte, dans cet ouvrage même, ne fçauroit être déplacé.

M. de Montefquieu penfe donc, & certes avec raifon, que la liberté perfonnelle du citoyen réfulte principalement de la fageffe des loix criminelles & civiles, & de la force & de la multiplicité des liens qui retiennent les Miniftres des loix, & qui les empêchent d'exercer arbitrairement leur redoutable pouvoir. Enfuite, dans l'opinion de M. de Montefquieu, tout partage de l'autorité fouveraine, combiné de manière que le pouvoir arrête le pouvoir, produit la liberté de la conftitution, & peut être défigné par le nom même de l'effet qu'il produit. En conféquence, lorfque la puiffance légiflative, divifée en diverfes facultés, telles que celles de ftatuer & d'empêcher, eft répartie en différentes mains, & n'eft point unie, dans toute fa plénitude, à la puiffance exécutrice, lorfqu'auffi ces deux puiffances font féparées de celle de juger, lorfque le Légiflateur établit feulement des Juges, & ne juge pas lui-même, & lorfqu'enfin les Juges ne forment point un Sénat permanent, la conftitution, où les pouvoirs font ainfi diftribués, eft appellée par M. de Montefquieu, conftitution libre.

Ce qu'il entend donc par le mot liberté, n'eft pas le droit de n'obéir qu'à des loix, à l'établiffement defquelles on ait pu donner fon fuffrage ou le refufer, fans ceffer d'être tenu de s'y refufer. Ce qu'il entend, par le mot liberté, n'eft pas non plus l'indépendance, qui forme un vrai contrâfte avec la liberté, puifqu'en effet, fi chacun avoit le pouvoir de faire impunément ce qui ne doit pas être permis, il n'auroit plus de liberté, parce que les autres auroient le même pouvoir. La liberté, felon M. de Montefquieu, c'eft l'avantage de ne dépendre que des loix autant qu'il eft poffible, & des hommes le

A 4

moins qu'il est possible. Telle est la définition qui renferme toutes les idées qu'il attache à ce mot, & qui cadre avec toutes les applications qu'il en a voulu faire.

Avec cet éclaircissement, ce qui pouvoit paroître abstrait, va paroître tout-à-fait simple. Cependant un raisonnement ne veut pas être coupé : il convient donc de reprendre celui qui vient d'être interrompu. « Il faut re-
» marquer, dit M. de Montesquieu, que les
» trois pouvoirs peuvent être bien distribués,
» par rapport à la liberté de la constitution,
» quoiqu'ils ne le soient pas aussi bien, par
» rapport à la liberté du citoyen. A Rome,
» le peuple ayant la plus grande partie de
» la puissance législative, une partie de la
» puissance exécutrice & une partie de la
» puissance de juger, c'étoit un grand pou-
» voir qu'il falloit balancer par un autre.
» Le Sénat avoit bien une partie de la puis-
» sance exécutrice, il avoit quelque branche
» de la législative, les Sénatus-Consultes

» avoient force de loi, pendant un an, quoi-
» qu'ils ne fussent pas confirmés par le peuple;
» mais cela ne suffisoit pas pour contreba-
» lancer le peuple. Il falloit pour cela que le
» Sénat eût part à la puissance de juger, &
» il y avoit part, lorsque les Juges étoient
» choisis parmi les Sénateurs. Quand les
» Gracches privèrent les Sénateurs de la puis-
» sance de juger, le Sénat ne put plus ré-
» sister au peuple. Ils choquèrent donc la
» liberté de la constitution, pour favoriser
» la liberté du citoyen. Mais celle-ci se
» perdit avec celle-là, c'est-à-dire, (par-
» donnez lecteurs éclairés) en faisant ôter
» au Sénat, par le peuple, toute part à la
» puissance de juger, les Gracches séparèrent
» cette puissance de la puissance exécutrice
» qu'avoit le Sénat, & par là, favorisèrent
» la liberté du citoyen, en lui donnant des
» Juges moins grands, moins indépendans,
» plus contraints de se tenir attentifs à ne
» rendre que des jugemens équitables. Mais

» ils blefferent la liberté de la conftitution,
» en retranchant du pouvoir du Sénat ce qui
» le mettoit en état de contrebalancer celui
» du peuple. Et par là, tout l'équilibre de
» la conftitution qui, jufqu'alors, n'avoit pas
» même été parfait, fut non-feulement plus
» dérangé, mais même abfolument détruit ».

« Il en réfulta des maux infinis, pourfuit
» M. de Montefquieu. On changea la conf-
» titution, dans un tems où, par le feu des
» difcordes civiles, il y avoit à peine une
» conftitution. Les Chevaliers ne furent plus
» cet ordre moyen qui uniffoit le peuple au
» Sénat, & la chaîne de la conftitution fut
» rompue ».

« Il y avoit même des raifons particu-
» lières, qui devoient empêcher de tranf-
» porter les jugemens aux Chevaliers. La
» conftitution de Rome étoit fondée fur ce
» principe, que ceux-là devoient être foldats,
» qui avoient affez de bien pour répondre
» de leur conduite à la République. Les

» Chevaliers comme les plus riches, for-
» moient la cavalerie des légions. Lorsque
» leur dignité fut augmentée, ils ne voulu-
» rent plus servir dans cette milice. Il fallut
» lever une autre cavalerie. Marius prit
» toutes fortes de gens dans les légions, &
» la République fut perdue ».

« De plus, les Chevaliers étoient les trai-
» tans de la République. Ils étoient avides,
» ils femoient les malheurs dans les malheurs,
» & faisoient naître les besoins publics des
» besoins publics. Bien loin de donner à de
» tels gens, la puissance de juger, il auroit
» fallu qu'ils eussent été sans cesse sous les
» yeux des juges. Il faut dire cela à la louange
» des anciennes loix françoises ; elles ont
» stipulé avec les gens d'affaires avec la mé-
» fiance que l'on garde à des ennemis. Lors-
» qu'à Rome, les jugemens furent trans-
» portés aux traitans, il n'y eut plus de vertu,
» plus de loix, plus de police, plus de ma-
» gistratures, plus de Magistrats ».

« On trouve une peinture bien naïve de
» ceci dans quelques fragmens de Diodore
» de Sicile & de Dion. Mutius Scévola,
» dit Diodore, voulut rappeller les anciennes
» mœurs, & vivre de son bien, avec fruga-
» lité & intégrité. Car, ses prédécesseurs
» ayant fait un traité avec les traitans, qui
» avoient alors les jugemens à Rome, ils
» avoient rempli la province de toutes sortes
» de crimes. Mais Scévola fit justice des
» Publicains, & fit mener en prison ceux
» qui y traînoient les autres ».

« Dion nous dit que Publius Rutilius,
» son Lieutenant, qui n'étoit pas moins
» odieux aux Chevaliers, fut accusé à son
» retour d'avoir reçu des présens, & fut con-
» damné à une amende. Il fit, sur le champ,
» cession des biens. Son innocence parut, en
» ce qu'on lui trouva beaucoup moins de
» biens qu'on ne l'accusoit d'en avoir volés,
» & il montra les titres de sa propriété. Il

» ne voulut plus rester dans la Ville avec de
» tels gens ».

« Les Italiens, dit encore Diodore, ache-
» toient en Sicile des troupes d'esclaves pour
» labourer leurs champs & avoir soin de leurs
» troupeaux. Ils leur refusoient la nourriture.
» Ces malheureux étoient obligés d'aller voler
» sur les grands chemins, armés de lances
» & de massues, couverts de peaux de bêtes,
» de grands chiens autour d'eux. Toute la
» province fut dévastée, & les gens du pays
» ne pouvoient dire avoir en propre que ce
» qui étoit dans l'enceinte des Villes. Il n'y
» avoit ni Proconsul, ni Préteur qui voulût
» s'opposer à ce désordre, ni qui osât punir
» ces esclaves, parce qu'ils appartenoient aux
» Chevaliers qui avoient à Rome les juge-
» mens. Ce fut pourtant une des causes de
» la guerre des esclaves. Je ne dirai qu'un
» mot, conclut notre Auteur. Une profes-
» sion, qui n'a ni ne peut avoir d'autre objet
» que le gain, une profession qui demandoit

» toujours & à qui on ne demandoit rien,
» une profession sourde & inexorable qui
» appauvrissoit les richesses & la misère
» même, ne devoit point avoir à Rome les
» jugemens ».

Observation incidente.

CETTE conclusion rappelle un souvenir, & reçoit une application qu'il doit être permis d'indiquer en passant. Que les traitans deviennent juges, sans cesser d'être traitans, ou que des juges, sans cesser d'être juges & juges permanens, deviennent traitans, certainement cela revient au même & doit être suivi des mêmes effets, sinon tout d'abord, du moins après un certain laps de tems. La proposition qu'auroit faite en France une compagnie de judicature de se charger dans sa province de diriger la perception des impositions, n'auroit donc pas dû séduire les esprits. Et les auteurs d'une pareille proposition n'en auroient pas seulement pressenti les conséquences. La preuve qu'ils ne les auroient pas pressenties, c'est qu'ils auroient fait la proposition. Mais, leurs succeſſeurs les auroient ſçu découvrir pour en profiter, & le peuple les auroit reconnues, lorſqu'il les auroit ſenties, lorſqu'il en auroit ſouffert le préjudice. Comme M. de Monteſquieu le diſoit tout à l'heure, un mot ſuffit ici. De telles compagnies de judicatures auroient été trop puiſſantes contre le Prince, ou contre le peuple conſidéré comme juſticiable & comme contribuable.

Hâtons-nous de renouer le fil de notre matière. En ordonnant donc qu'au lieu d'être tirés de l'ordre des Sénateurs, les juges ſeroient tirés de l'ordre des Chevaliers, le peuple Romain fit une loi qui fut pernicieuſe à l'état, aux citoyens, aux provinces conquiſes. Mais, ce n'eſt pas ſur cet unique point que ce peuple s'eſt abuſé griévement. Ce n'eſt pas en cette ſeule occaſion qu'il s'eſt fait à lui-même, par ſon pouvoir légiſlatif, de mortelles bleſſures. Il a montré le même aveuglément dans beaucoup d'autres inſtitutions, à deux desquelles, cependant, il convient ici de se borner : l'une est l'établissement du tribunat, la création des Décemvirs est l'autre.

<small>Le droit d'opposition qu'avoient les Tribuns de Rome, n'auroit pas dû être illimité.</small>

LA puissance des Tribuns de Rome étoit vicieuse, dit encore M. de Montesquieu, « parce qu'elle arrêtoit, non-seulement la » législation, mais même l'exécution ».

Herdonius Sabin est maître du Capitole, il s'en est emparé pendant la nuit, il est accompagné d'esclaves & d'exilés au nombre de quatre mille cinq cens hommes. Du haut du Capitole, il jette des billets dans la ville, pour inviter les esclaves par l'espérance de l'affranchissement à se joindre à lui. Les Romains qu'il a trouvés dans la citadelle, & qui n'ont point voulu prendre part à sa conjuration, sont égorgés pour la plupart. Un petit nombre seulement s'est sauvé du carnage & crie aux armes ; la voix des Consuls appelle les citoyens au secours de la patrie ; mais les Tribuns leur défendent de la secourir,

courir, & de la fouftraire au joug qu'Herdo‑
nius lui prépare. Ils perfiftent dans leur opi‑
niâtre oppofition, & c'eft par de longs & de
pénibles efforts que les Confuls entraînent
enfin le peuple malgré fes Tribuns. Cet
exemple & tant d'autres, n'ont point appris
aux Romains, qu'ils devoient donner des
bornes au droit d'oppofition dont le Tribunal
étoit armé.

PASSONS à la création des Décemvirs. Il étoit fage de nommer dix Commiffaires pour rédiger un corps de loix, mais étoit-il égale‑ ment fage de leur donner, dans une Répu‑ blique, un pouvoir fouverain, & d'abolir, pour cet effet, pendant la durée de leur com‑ miffion, toutes les autres magiftratures ? » On » crut qu'on devoit leur accorder un grand » pouvoir, dit M. de Montefquieu, parce » qu'ils avoient à donner des loix à des partis » qui étoient inconciliables »; mais falloit‑ il, pour cela, que leur pouvoir fût exorbi‑ tant, & d'autant plus exorbitant, qu'il reftoit

Il n'étoit pas fage de nom‑ mer les rédac‑ teurs d'un corps de loix, feuls magif‑ trats de la ré‑ publique.

Tom. II. B

seul, tandis qu'ils n'étoient chargés que de dresser un nouveau code de loix que le peuple devoit approuver, & qu'il ne devoit pas se voir imposer par force & par autorité. « Cependant, répond M. de Montesquieu, » dix hommes, dans la République, eurent » seuls toute la puissance législative, toute » la puissance exécutrice, toute la puissance » des jugemens »; Rome se vit soumise à une tyrannie aussi cruelle que celle de Tarquin. Et quand Tarquin exerçoit ses vexations, Rome étoit indignée du pouvoir qu'il avoit usurpé, quand les Décemvirs exerçoient les leurs, Rome fut étonnée du pouvoir qu'elle avoit donné.

Ce fut même par un décret du Sénat que la création des Décemvirs & l'abdication de tous autres Magistrats fût ordonnée, & le peuple qui pouvoit tempérer & modifier ce décret, le reçût en son entier avec les plus grands applaudissemens, de sorte que, dans cette rencontre comme en mille autres, le sénat & le peuple montrerent, à l'envie l'un de l'autre, qu'ils étoient bien éloignés d'être des législateurs infaillibles.

Rien n'obligeoit aussi de descendre à ces détails particuliers; ce n'est pas seulement après avoir envisagé quelques faits isolés, c'est après avoir considéré tout l'ensemble de la conduite du peuple romain, dans l'exercice de son pouvoir législatif, que M. de Montesquieu nous en a donné plus haut une idée générale.

Il prétend nous remettre devant les yeux un tableau fidele de cette partie de l'histoire de ce peuple, il prétend en fixer le résultat quand il dit, que le peuple romain n'a pas conservé sa première modération, qu'il a manqué successivement à tous les ménagemens, qu'il s'est rendu son propre tyran & son propre esclave, & que sa liberté s'est affoiblie par l'accroissement graduel de son pouvoir, jusqu'à ce qu'enfin le dernier excès de son pouvoir soit devenu le tombeau de sa liberté.

Chacun est donc porté, par un aveugle instinct, à regarder le pouvoir illimité du peuple comme étant l'ame ou plutôt l'essence de la liberté, & l'Auteur de l'Esprit des Loix envisage ce même pouvoir comme un gouffre où la liberté s'abîme & s'anéantit.

En voilà trop sans doute, pour faire apprécier le mérite respectif des différentes constitutions, relativement à l'exercice de la puissance législative.

Parallele des différentes constitutions relativement à l'exercice de la puissance exécutrice.

Il sera bientôt démontré que, relativement à l'exercice de la puissance exécutrice, considérée comme administrée par les différens souverains & par leurs substituts, les constitutions républicaine & mixte n'ont de même sur la constitution monarchique aucune supériorité de mérite.

Les passions du Monarque peuvent lui faire perdre de vue ses vrais intérêts,

Le Monarque est homme en même-tems qu'il est souverain. L'intérêt public est l'intérêt particulier du Monarque considéré comme

Souverain, & l'homme en lui peut avoir des affections non pas directement, mais indirectement opposées à l'intérêt du Souverain, des affections plus sensibles & par là plus dominantes. Il peut rendre avec lui tout l'état & l'esclave & le jouet de ses passions particulières.

ceux de l'état; les passions des républicains leur sont trahir les intérêts de l'état. Premier exemple : les pensionnaires de Philippe ; second exemple, Aratus chez les Achéens.

Non, la supériorité du rang n'est pas ce qui met l'homme au-dessus des foiblesses humaines. Les plaisirs assiégent le Monarque ; il peut s'y livrer avec excès, & lâchement endormi dans les bras de la mollesse, il peut négliger d'austères occupations & des soins pénibles qui lui payeroient cependant avec usure quelques légers sacrifices, & qui peuvent seuls remplir son cœur que les frivoles plaisirs laissent toujours vuide & mécontent.

Le Monarque encore, trop ébloui du vain éclat des exploits guerriers, & méconnoissant le véritable héroïsme, ou pour satisfaire une ambition insatiable, peut susciter des guerres, où les succès & les avantages ne compensent jamais les pertes, & qui font toujours injuftes lorfqu'elles ne font pas néceffaires. Il peut oublier qu'il aura vraiment régné pour fa gloire, en régnant pour le bonheur de fon peuple.

Mais l'intérêt public ne laiffe pas d'être l'intérêt propre & perfonnel du Monarque, lors même que fes paffions prennent fur lui le plus grand afcendant, lorfque les pernicieufes vapeurs de l'ambition l'ennivrent, ou lorfqu'il fe laiffe prendre à l'appas de la volupté. Tout ce qu'on peut dire, c'eft qu'alors fes intérêts le préoccupent & le touchent moins que fes paffions.

C'eft ce qu'on a vu pareillement arriver dans les Républiques. Les membres d'une République font des hommes, & tous, ou prefque tous, fe paffionnent, comme un feul, pour les plaifirs & les frivoles amufemens; l'ambition encore, & la vaine gloire & leurs chimères entrent dans une multitude de têtes, comme dans une feule. Et par une fuite de la différence de leur position à celle d'un Monarque, les Républicains, une fois dépravés, ne se bornent pas à négliger & perdre de vue les intérêts de leur patrie ; ils vont alors jusqu'à les sacrifier, jusqu'à les trahir.

Quel fut le nombre de ces vils citoyens d'Athènes qui trafiquoient avec Philippe de la puissance, de la gloire & de la liberté de leur patrie ? Si leur nombre ne les eut pas rassurés, la crainte ne les eût-elle pas retenus, & n'eut-elle pas enchaîné leur avarice ? Ils avoient à craindre que le honteux secret de leur sacrilége trafic ne transpirât, & c'étoit devant le peuple qu'ils devoient être traduits ; comment auroient-ils bravé son courroux si prompt à s'enflammer, & si terrible dans son explosion ? Si leur nombre n'eut pas été considérable, comment auroient-ils si souvent triomphé dans les assemblées de l'éloquence & de la sagesse des bons citoyens ? D'un autre côté, si l'indifférence presque générale pour le bien public n'eut pas encouragé les pensionnaires de Philippe, & favorisé leur conspiration, quelqu'ait été leur nombre, comment auroient-ils réussi si souvent à faire tomber le peuple d'Athènes dans leurs piéges ? Comment ce peuple se seroit-il abandonné si souvent à des conseils perfides dont Démosthènes lui démontroit tout le venin, &, par là, toute la mauvaise foi de leurs coupables Auteurs ?

Tournons nos regards sur une autre République. Avec quelle amertume & quel regret voit-on Aratus, secondé de ses partisans aussi coupables que lui, sacrifier à sa jalousie les intérêts & la liberté de sa patrie, & ternir ainsi toute la gloire qu'il s'étoit acquise auparavant ? Il avoit été le libérateur de sa patrie, il avoit été le sauveur & le pilote de la ligue Achéenne. Il l'avoit délivré du joug des Macédoniens. Sa patrie succombe ensuite dans une guerre contre Sparte ; elle essuie coup sur coup les revers les plus sanglans, elle demande la paix. Le Roi de Lacédémone, vainqueur généreux, exige seulement que les Achéens lui défèrent le titre de général de leur ligue. Il les fait assurer que pour tout le reste, il n'aura nul différent avec eux, & qu'il leur rendra leurs prisonniers & leurs places. Aratus voit ses concitoyens s'estimer trop heureux d'acheter la paix à pareille condition, & le plus grand intérêt leur en fait une loi. Mais, après avoir eu la principale autorité dans la ligue des Achéens, Aratus ne peut voir sans envie & sans douleur qu'un jeune homme lui ravisse en quelque sorte le fruit de ses travaux, & vienne comme s'enter sur lui.

Dans une position pareille, qu'il ressente des mouvemens trop naturels à l'humanité, que l'aiguillon de la jalousie pique son cœur, ce n'est pas ce dont on peut lui faire un crime ; mais ce doit être la matière de son triomphe. Au contraire, dans une occasion qui le met à portée de montrer sa vertu dans tout son jour, il ne montre que sa foiblesse. Il cede à sa passion, & dès-lors, l'intérêt de sa patrie ne le touche plus ; il le foule aux pieds, & par ses manœuvres & ses intrigues & celles de ses partisans, il parvient à ranimer une guerre expirante ; & pour la ranimer au moment qu'elle alloit être terminée à la satisfaction & à l'avantage des deux partis, il feint d'associer à sa patrie un puissant allié, c'est-à-dire, que sous ce nom, il lui donne un maître en la personne d'Antigone, Roi de Macédoine, l'ennemi naturel de la république Achéene & de toute la Grèce. Ainsi, détruisant son propre ouvrage, il rappelle dans le Péloponèse les Macédoniens qu'il en avoit chassés ; ainsi, renversant ses propres trophées, il fait livrer au même Roi de Macédoine l'importante Citadelle de Corinthe qu'il avoit précédemment arrachée de ses mains comme par miracle, & qu'à juste titre Philippe auparavant encore avoit surnommé les entraves de la Grèce.

De pareils traits sont propres aux républicains ; les Monarques n'ont pas même à s'en défendre & leur position les dispense de faire à cet égard aucun usage de leur vertu.

UN peuple entier, a-t-il été dit, peut se laisser corrompre par l'amour des plaisirs & perdre toute affection au bien public. C'est ce que Démosthènes ne cessoit de reprocher à ses concitoyens. C'est à ce sujet qu'il les harceloit dans toutes ses harangues, par les plus vives & les plus fréquentes sorties. A la lecture de ces inimitables harangues, lequel de Démosthènes ou du peuple d'Athènes étonne davantage ? Est-il donc vrai que tant de raison & de véhémence ont à peine suffi pour rendre à ce peuple quelque chaleur, quelque degré de sentiment & de vie, quelqu'attention à ses intérêts dans les conjonctures où ses plus grands intérêts se trouvoient le plus compromis ? Est-ce le dernier effort de l'éloquence qu'on admire le plus dans les violentes secousses que Démosthènes donnoit aux Athéniens, ou le sommeil léthargique

Un peuple entier peut se passionner pour les plaisirs aussi bien qu'un Monarque.

dont ces secousses pouvoient à peine les tirer ? « Quand Philippe osa dominer dans » la Grèce, dit M. de Montesquieu, quand » il parut aux portes d'Athènes, elle n'avoit » encore perdu que le tems. On peut voir » dans Démosthènes quelle peine il fallut » pour la réveiller. On y craignoit Philippe, » comme l'ennemi des plaisirs, non comme » l'ennemi de la liberté ».

Mais, ce qui dispense de s'étendre sur ce point, c'est ce monument d'une ardeur insensée pour les frivoles divertissemens, c'est cette extravagante loi que firent les Athéniens, par laquelle ils prononcerent peine de mort, contre tout citoyen qui proposeroit de convertir aux usages de la guerre & d'appliquer aux plus pressantes nécessités de l'état, l'argent destiné pour les théâtres.

Un peuple entier peut s'entêter comme un Monarque du désir d'étendre son empire.

Un peuple entier, a-t-il été dit encore, peut s'entêter de l'ambition & du désir d'étendre son empire & sa domination ; & cela se prouve par l'histoire de toutes les Républiques, & sur-tout par cette rivalité d'Athènes & de Lacédémone, qui coûta tant de sang à la Grèce, & ne cessa de l'agiter, qui mit tous ses peuples si souvent aux prises, & qui seule alluma cette longue guerre du Péloponèse, également funeste aux deux Républiques rivales, où la prise de l'une fit rentrer dans l'autre l'or & l'argent, où les vainqueurs firent par conséquent une plus grande perte que les vaincus, parce qu'ils perdirent leur vertu, c'est-à-dire, l'instrument de leurs victoires.

NON-SEULEMENT l'ambition toujours ingénieuse à se pronostiquer des succès, & souvent confondue dans ses espérances, peut faire goûter ses instigations aux peuples républicains aussi bien qu'aux Monarques; mais d'ailleurs les guerres élevées par l'ambition d'un Monarque sont des fléaux passagers, au lieu que les Républiques, pour se préserver d'être déchirées & renversées par les mains de leurs concitoyens, n'ont souvent

Les Républiques ne se sauvent souvent des guerres civiles qu'en se précipitant dans des guerres avec l'étranger.

d'autre reſſource que d'entreprendre des guerres qui les expoſent à devenir la proie d'ennemis étrangers. Le principal garant de cette vérité ſera Rome elle-même; Rome, pour qui les guerres avec l'étranger étoient les ſeules treves aux diſſentions civiles; Rome qui n'entretenoit ainſi la paix & la concorde parmi ſes fiers enfans qu'en les lâchant pour ainſi dire ſucceſſivement ſur tous ſes voiſins; Rome, qui dès le tems de Marius & de Silla vit ſes guerriers preſqu'en un même jour, alternativement fondre ſur l'ennemi commun, & s'élancer les uns ſur les autres; Rome enfin, qui n'a recueilli pour tout fruit de ſes victoires & de ſes conquêtes que la ſervitude la plus dure & la plus honteuſe, préparée & rendue néceſſaire par ſes victoires même & par ſes conquêtes. « L'Empire Romain » ne pouvoit être maintenu que par un Deſ- » pote, dit M. de Monteſquieu ». Cet Empire étoit en effet trop vaſte pour un Monarque. Les Gouverneurs de province au-

[31]

roient été trop puiſſans, & leur indépendance ou leur rébellion auroient également déſolé les peuples par l'oppreſſion ou par la guerre civile.

NOUVELLE face à conſidérer & nouvelles défectuoſités inéfaçables à remarquer dans les inſtitutions politiques, en jettant un coup-d'œil rapide ſur l'adminiſtration de la puiſſance publique par les ſubſtituts des différens ſouverains. *Parallele des diverſes conſtitutions relativement aux ſubſtituts des différens ſouverains.*

COMME l'intérêt de conſerver & d'améliorer eſt moins ardent & plus foible que celui d'acquérir, n'eſt-il pas à craindre qu'un Monarque puiſſant ne ſoit quelquefois ſemblable à ces hommes dont l'opulence devient le principe de leur ruine, & qui, pouvant perdre beaucoup ſans en être appauvris, abandonnent à des Intendans, au riſque d'être trompés & pillés, toute la conduite de leurs affaires. *Quand le Monarques abandonne à ſes ſubſtituts, la Monarchie devient Ariſtocratie.*

Cet abus paroît appartenir aux Monarchies, mais comment les feroit-il déchoir au-dessous du Gouvernement Républicain ? Le préjudice causé par cet abus est précisément de changer la Monarchie en Aristocratie pendant toute la durée du sommeil du Prince, & de rendre ses substituts qu'il ne surveille pas, presque autant indépendans que les membres du Souverain dans une Aristocratie.

<small>L'art de la flatterie fait arriver aux places dans la Démocratie comme dans la Monarchie.</small>

Si quelquefois aussi dans la Monarchie, les emplois importans sont le prix & la récompense de la flatterie & des serviles assiduités ; un peuple à son tour éleve souvent aux dignités des sujets qui n'ont d'autre mérite que de sçavoir le flatter, ou qui le corrompent à prix d'argent, & dont la conduite dans les places répond à la noblesse des moyens qu'ils ont mis en usage pour s'avancer. Ce crédit qu'on acquiert auprès d'une multitude en la flattant, en entrant dans toutes ses passions, l'histoire, & sur-tout l'histoire d'Athènes ne permet pas encore de le révoquer en doute. Isocrates dans ses discours, Démosthènes dans ses harangues, & tous ses

[33]

bons citoyens de cette République se sont élevés dans tous les tems contre ce fatal abandon à la flatterie des orateurs populaires.

Les grands succès augmentent encore dans une multitude son penchant à n'écouter que ses flatteurs, à ne suivre que leurs conseils, & même à leur confier les postes les plus distingués & les plus importans. « Les bons
» succès, dit M. de Montesquieu, sur-tout
» ceux auxquels le peuple a beaucoup de
» part, lui donnent un tel orgueil, qu'il
» n'est plus possible de le conduire. Jaloux
» des Magistrats, il le devient de la ma-
» gistrature : ennemi de ceux qui gouvernent,
» il l'est bientôt de la constitution ; c'est
» ainsi que la victoire de Salamine sur les
» Perses, corrompit la République d'Athènes ;
» ainsi, la défaite des Athéniens perdit celle
» de Siracuse ».

Ainsi, reprenons-nous, dans les Démo- craties, les bons succès n'ont pas seulement l'effet d'exalter l'orgueil de la multitude ; ils

Dans la Démocratie, l'orgueil de la multitude qui la dispose à écouter ses

Tom. II.   C

[34]

<small>flatteurs, l'a conduit à sa ruine, en la rendant jalouse de la magistrature.</small> irritent de plus sa jalousie naturelle contre ses chefs & ses conducteurs. Rien n'est sans doute plus conséquent, l'orgueil de la multitude étant le principe même de sa jalousie contre ses chefs.

L'une & l'autre disposition doivent donc être regardées comme des maladies dont les Républiques démocratiques sont ordinairement travaillées & qui les conduisent souvent à leur perte. Comment en effet Pisistrate réussit-il à déployer dans Athènes l'étendart de la tyrannie ? Ce fut en flattant habilement la jalousie de ce peuple contre ses Magistrats. De même en échauffant avec art la jalousie du peuple de Siracuse contre ses Magistrats, en décriant auprès d'un peuple que sa jalousie rendoit crédule, leur conduite, leurs vues & leurs intentions, Denys passa rapidement de la condition de simple Greffier à celle de maître absolu de Siracuse & de toute la Sicile.

<small>Dans une</small> MAINTENANT se figureroit-on que du

impuns dans une République démocratique, les Magistrats ne commettent jamais de malversations, ou qu'ils n'ont aucun moyen de s'en assurer l'impunité ? Il faudroit encore avoir parcouru l'histoire sans réflexion pour être tombé dans cette double erreur que M. Rollin va réfuter par un seul trait. « Ce » qu'on raconte d'Aristide à l'occasion d'une » charge qu'il exerça, est, dit-il, tout-à-fait » remarquable. Il ne fut pas plutôt élu » Trésorier général de la République, qu'il » fit voir que ceux qui l'avoient précédé dans » cette charge, avoient pillé de grosses sommes, & sur-tout Thémistocles. Car celui-» ci avec tout son mérite, n'étoit pas sans » reproche de ce côté là : c'est pourquoi lors-» qu'Aristide voulut rendre ses comptes, » Témistocles fit une grosse brigue contre » lui, le chargea d'avoir volé les deniers » publics, & vint à bout de le faire con-» damner à une amende. Mais les plus gens » de bien s'étant élevés contre un jugement

Démocratie, les Magistrats peuvent malverser au préjudice du bien public.

» si inique, non-seulement l'amende lui fut
» rendue, mais on le nomma encore Tré-
» sorier pour l'année suivante. Alors il fit
» semblant de se repentir de sa première
» administration. Se montrant donc plus
» facile & plus traitable, il trouva le secret
» de plaire à tous ceux qui pilloient la Ré-
» publique; car il ne les reprenoit point &
» n'épluchoit point leurs comptes; de sorte
» que tous ces pillards, engraissés de vols
» & de rapines, combloient de louanges Aris-
» tide. Il lui étoit facile, comme on le
» voit, de s'enrichir dans un poste comme
» celui-là, qui semble presque y inviter par
» les occasions qu'il en présente, sur-tout avec
» des Officiers qui, ne songeant de leur côté
» qu'à piller, étoient tout préparés à dissi-
» muler les vols de leur Trésorier à charge
» de retour ».

« Ils firent donc eux-mêmes auprès du
» peuple des brigues pour le faire continuer
» une troisième année dans la même charge.

[37]

» Mais le jour de l'élection étant venu,
» comme les suffrages se réunissoient pour
» le nommer, Aristide se levant fit une forte
» réprimande aux Athéniens. Quoi, leur dit-
» il, quand j'ai administré vos finances avec
» toute la fidélité & la vigilance d'un homme
» de bien, j'ai essuyé de votre part les trai-
» temens les plus durs & les plus humilians,
» & aujourd'hui que je les ai abandonnées
» à tous ces voleurs publics, je suis un
» homme admirable & le meilleur de tous
» les citoyens. Je vous déclare donc que j'ai
» plus de honte de l'honneur que vous me
» faites en ce jour que je n'en ai eu, l'an
» passé, de la condamnation que vous pro-
» nonçâtes contre moi, & je vois avec dou-
» leur qu'il est plus glorieux ici d'user de
» complaisance envers les méchans que de
» ménager & de conserver les biens de la
» République ».

QUE dans la Démocratie on puisse donc courir des risques à malverser dans les char-

Dans les magistratures d'une Démocratie, on

court les mêmes risques à bien faire & à mal faire.

ges, qu'importe ? On est aguerri contre ces risques, dès le moment qu'on s'y présente pour entrer dans les charges, parce qu'on y court tous les mêmes risques à bien faire. La preuve en est encore dans une foule d'autres jugemens iniques, rendus par les Athéniens contre les plus respectables personnages & surtout dans la condamnation de Phocion surnommé l'homme de bien.

« On me reproche, disoit Socrate à ses
» juges, & on l'impute à lâcheté, que m'in-
» gérant de donner des avis à chacun en par-
» ticulier, j'ai toujours évité de me trouver
» dans vos assemblées pour donner mes con-
» seils à ma patrie. Cette voix divine dont
» vous m'avez si souvent entendu parler, s'est
» opposée à moi, quand j'ai voulu me mêler
» des affaires de la République; & c'est fort
» à propos qu'elle s'y est opposée; car il y a
» long-tems que je ne serois plus en vie, si
» je m'étois mêlé des affaires d'état, & je
» n'aurois rien avancé ni pour vous ni pour

« moi. Ne vous fâchez point, je vous prie,
« si je ne vous déguise rien, & si je vous
« parle avec vérité & liberté. Tout homme
« qui voudra s'opposer généreusement à un
« peuple entier, & qui se mettra en tête
« d'empêcher qu'on ne commette des injus-
« tices dans la Ville, ne le fera jamais im-
« punément. Il faut de toute nécessité que
« celui qui veut combattre pour la justice,
« pour peu qu'il veuille vivre, demeure
« simple particulier, & qu'il ne soit pas
« homme public ».

Les Ministres, dans la constitution mixte, peuvent être recherchés pour raison de leur administration. Ils peuvent également pour le même objet être mis en jugement par le Prince dans la Monarchie; & s'ils peuvent être accusés dans la constitution mixte devant une partie du corps législatif par l'autre partie du même corps, il est également possible que par leurs malversations même, ils se soient

Les Ministres n'ont pas plus de liberté pour malverser dans la Monarchie que dans les constitutions mixte & Aristocratique.

acquis parmi leurs Juges un crédit imposant, ou du moins très-supérieur.

Dans l'Aristocratie, les Magistrats particuliers, toujours tirés du corps aristocratique, sont sans doute contenus jusqu'à certain point par leurs associés à la magistrature générale & suprême. Cependant, il ne faut pas croire qu'ils ne puissent pas abuser de leurs charges au préjudice de l'état & même au préjudice de la constitution. L'air n'est pas plus subtil, que les abus à se glisser & s'insinuer par les ouvertures les moins suspectes, les plus imperceptibles. Le zèle qu'Annibal fit éclater contre les Magistrats de Carthage, & la récompense qu'il en reçut, doivent ici revenir à la pensée ; & sur-tout il est facile de pénétrer les motifs d'un institution que nous voyons subsister de nos jours dans une Aristocratie. Les Inquisiteurs d'Etat à Venise sont une digue qu'elle oppose à ses Magistrats particuliers comme aux autres Nobles, & la violence du remède en démontre elle seule l'indispensable nécessité.

QUE peut encore faire appréhender l'inattention d'un Monarque à surveiller les substituts qu'il est forcé de se donner ? Ils ne sont pas le père de famille, ils n'en auront pas toujours les sentimens; ils pourront prostituer, à des vexations, à des injustices particulières, le pouvoir qu'il aura déposé dans leurs mains.

Les Ministres, pour exercer des vexations, sont aussi gênés dans la Monarchie que dans la Démocratie & dans la constitution mixte, & plus gênés que dans l'Aristocratie.

La force de cette objection ne doit pas se mesurer sur les plaintes dont tous les états retentissent toujours contre ceux qui sont à la tête des affaires. Il est impossible qu'en ne voulant pas trahir leur devoir, ils ne fassent pas beaucoup de mécontens. L'injustice enchaînée & réprimée, a souvent poussé des cris plus violens que l'innocence opprimée. Ces cris trouvent toujours d'innombrables échos pour les répéter, & pour l'ordinaire, l'homme d'état est forcé de se résigner à n'être vengé, qu'après sa mort, des calomnies, des outrages & de l'opprobre dont on le charge pendant fa vie. Encore, n'eſt-ce là qu'une eſpérance pour l'homme d'état, ſelon la remarque de M. de Monteſquieu, « les places que la poſtérité » donne, étant ſujettes, comme les autres, » au caprice de la fortune, malheur, ajoute- » t-il, à la réputation de tout Prince, ou de » tout homme, qui ſeulement a tenté de » détruire un préjugé qui lui ſurvit ! »

Comme les dépoſitaires de l'autorité ſçavent auſſi qu'ils ſont épiés par leurs concurrens & leurs envieux, comme toutes les bouches ſont ouvertes pour publier avec exagération leurs erreurs & leurs fautes ; comme le Monarque, après qu'ils auront abuſé de ſa confiance, pourra tôt ou tard en être inſtruit, ce riſque, du moins, s'il ne réuſſit pas entiérement à prévenir l'abus, empêche qu'il ne ſoit porté juſqu'à l'excès.

Dans la conſtitution mixte, le principal agent de la puiſſance exécutrice, ayant bien moins d'autorité que le Monarque, il s'en faut bien qu'il puiſſe autant en impoſer à ſes propres agens. Bien loin qu'il puisse également les contenir & les réprimer, sa position peut le réduire à les nommer contre son gré, puis à n'oser les révoquer.

Dans la Monarchie d'ailleurs, aussi bien que dans le Gouvernement mixte, les graces dépendent seules du pouvoir arbitraire, & s'il arrive que la faveur enlève aux services leur récompense, ou qu'elle obtienne les préférences qui sont dues au mérite, les loix mettent du moins à l'abri du pouvoir arbitraire la vie, l'honneur & le patrimoine du citoyen. Les Ministres des loix, qui nécessairement sont des hommes, peuvent seuls lui causer des terreurs sur ces objets essentiels, & comme on l'a déjà vu, comme on le verra bientôt encore, ces terreurs sont plus grandes & plus fondées dans la Démocratie & dans l'Aristocratie, que dans les deux autres constitutions.

Les Magistrats d'une République démocratique étoient dans la nécessité de ménager le peuple qui les faisoit Magistrats ; supposera t-on que cet intérêt les empêchoit de commettre des injustices & des vexations particulières ? Ce sera démentir l'histoire, & si la nécessité de ménager leur crédit, les eût enchaînés de la sorte, il ne leur auroit été pas plus libre de faire usage de leur pouvoir pour arrêter les injustices que les membres d'un même état devoient essuyer des uns les autres.

C'est dans l'Aristocratie que l'abus du pouvoir, les injustices & les vexations résultent plus spécialement de la nature du Gouvernement. « Telle est, dit M. de Montesquieu, » la nature de cette constitution, qu'il semble » qu'elle mette les mêmes gens sous la puis- » sance des loix & qu'elle les en retire ». Elle met tous les membres du Souverain sous la puissance des loix politiques ; ces loix ont pour elles l'esprit & l'intérêt du corps Aristocratique ; & souvent se brise, contre cet esprit de corps, l'ambition des particuliers qui tentent de faire descendre leurs collégues du rang

suprême & de les réduire à n'être plus que leurs inférieurs : mais, aussi, dans un état Aristocratique, les membres du Souverain ont mille rapports avec leurs sujets, avec les citoyens qui ne participent pas à leur haute prérogative, & c'est à cet égard que la constitution allége beaucoup, en faveur des membres du Souverain, le joug de toute espèce de loix. « Dans l'Aristocratie, dit M. de Mon-
» tesquieu, les crimes publics (c'est-à-dire, les attentats contre le Gouvernement & même les projets ambitieux) » seront punis, parce
» que c'est l'affaire de tous les membres du
» Souverain de les punir ; les crimes particuliers (c'est-à-dire, les vexations & les injustices particulières des membres du Souverain)
» n'y seront pas punis, parce que l'affaire de
» tous est de ne les pas punir ».

RESTE à faire observer comment la puissance de juger, dans les différens Gouvernemens, met plus ou moins en péril la liberté de chacun, c'est-à-dire, la sûreté de sa per-

Parallele des différentes constitutions relativement à l'exercice de la puissance de juger, ou la constitution

La conſtitution monarchique balance à cet égard la conſtitution mixte & l'emporte ſur les conſtitutions démocratiques & ariſtocratiques.

ſonne & de ſes poſſeſſions ; ce qui s'explique en un mot. En effet, ſuivant le principe déjà cité de M. de Monteſquieu, les deux conſtitutions où la puiſſance de juger eſt néceſſairement unie pour partie ou pour le total à la puiſſance légiſlative, c'eſt-à-dire, la Démocratie & l'Ariſtocratie doivent être réputées fort inférieures aux conſtitutions monarchique & mixte, la puiſſance de juger dans ces deux dernières conſtitutions, & principalement dans la Monarchie, étant ſéparée de la puiſſance légiſlative.

La Démocratie ne peut ſubſiſter ſi ce n'eſt pas au peuple aſſemblé qu'eſt réſervée la connoiſſance de tous les crimes publics, c'eſt-à-dire, de tout ce qui tend à détruire ou ſeulement à corrompre la conſtitution ; & quand le peuple juge, c'eſt la paſſion qui juge & non pas la raiſon. Dans tous les tems, on l'a vu commencer par écraſer la vertu pour incontinent paſſer à de vains & ſtériles regrets.

La pure Ariſtocratie, pour être ſtable,

demande à son tour que la puissance de juger soit exercée dans toutes ses parties par des membres du Souverain. Aussi, Tiberius Gracchus énerva-t-il dans le Gouvernement de Rome, tout ce qui tenoit de l'Aristocratie en faisant ordonner que les Juges ne seroient plus tirés de l'ordre des Sénateurs, mais de l'ordre des Chevaliers. Aussi, ce Tribun favorisa-t-il alors la liberté du citoyen en choquant la liberté de la constitution. Aussi, la ruine totale de la liberté de la constitution entraîna-t-elle bientôt après la ruine de la liberté du citoyen.

Cela posé, l'indépendance & l'extrême supériorité des Juges devant infailliblement préjudicier à l'équité des jugemens, la pure Aristocratie qui ne doit confier le pouvoir de juger qu'à ses propres membres, pèse extrêmement sur la liberté des simples sujets. Aussi cette considération a-t-elle paru suffisante à M. de Montesquieu, pour le déterminer à ranger sur la même ligne la pure Aristocratie & le Despotisme Asiatique.

<small>Parallele des principes des différens Gouvernemens où le principe de la Monarchie paroit être plus sûr & moins fragile & plus réparable que le principe du Gouvernement Républicain.</small>

Le parallele des différentes constitutions se termineroit ici, s'il ne paroissoit pas devoir embrasser l'examen de ce qui sert de principe ou de mobile, ou de ressort à chacune en particulier.

Il y a cette différence est-il dit dans l'Esprit des Loix, « entre la nature du Gouvernement » & son principe, que sa nature est ce qui le » fait être tel, & son principe ce qui le fait » agir. L'une est sa structure particulière, » l'autre les passions humaines qui le font » mouvoir ».

Chacun sçait aussi quel est le principe attribué dans l'Esprit des Loix à chaque Gouvernement ; chacun sçait que la vertu rigide est déclarée devoir être le principe de la Démocratie ; qu'une vertu moindre, une sorte de modération, est celui de l'Aristocratie ; l'honneur faux ou vrai, celui de la Monarchie.

La vertu, principe nécessaire du Gouvernement

nement Républicain, n'est donc qu'une passion humaine. « Ici, dit M. de Montesquieu, » dans une remarque, je parle de la vertu » politique qui est la vertu morale dans le » sens qu'elle se dirige au bien général, fort » peu des vertus morales particulières, & » point du tout de cette vertu qui a du rap- » port aux vérités révélées ».

Il dit dans un autre endroit : « la vertu » dans une République est une chose très- » simple, c'est l'amour de la République ; » c'est un sentiment & non une suite de con- » noissances. Le dernier homme de l'état » peut avoir ce sentiment comme le premier. » Quand le peuple a une fois de bonnes » maximes, il s'y tient plus long-tems que » ce qu'on appelle les honnêtes gens. Il est » rare que la corruption commence par lui. » Souvent il tire de la médiocrité de ses lu- » mières un attachement plus fort pour ce » qui est établi ».

« L'amour de la patrie conduit à la bonté

» des mœurs, & la bonté des mœurs mène
» à l'amour de la patrie. Moins nous pouvons
» satisfaire nos passions particulières, plus
» nous nous livrons aux générales. Pourquoi
» les Moines aiment-ils tant leur Ordre ?
» C'est justement par l'endroit qui fait qu'il
» leur est insupportable. Leur règle les prive
» de toutes les choses sur lesquelles les passions
» ordinaires s'appuyent ; reste donc cette pas-
» sion pour la régle même qui les afflige.
» Plus elle est austère, c'est-à-dire, plus elle
» retranche de leurs penchans, plus elle donne
» de force à ceux qu'elle leur laisse ».

« Enfin, M. de Montesquieu veut que
» la vertu dans une République, ou l'amour
» de la République, soit encore l'amour de
» l'égalité & de la frugalité », c'est-à-dire,
l'effet de l'habitude de mener une vie frugale
au sein de l'égalité, habitude qui ne peut
s'être formée, « si les loix n'ont pas établi
» l'égalité & la frugalité par un partage égal
» des terres dont les portions ayent été très-

» petites; & si les loix n'ont pas aussi réglé
» dans l'esprit de ce partage & de son objet
» les dots des femmes, les donations, les
» successions, les testamens, enfin, toutes
» les manières de contracter; car s'il étoit
» permis, ajoute M. de Montesquieu, de
» donner son bien à qui on voudroit, &
» comme on voudroit, chaque volonté par-
» ticulière troubleroit la disposition de la
» loi fondamentale ».

La vertu, principe ou ressort nécessaire du Gouvernement Républicain, n'est donc encore une fois qu'une passion humaine. Elle n'est pas fondée sur des motifs réfléchis, sur des idées spéculatives ; ce n'est pas par de continuels efforts qu'elle doit être acquise & conservée ; ce n'est pas cette force avec laquelle on vient à bout de dompter & de dominer ses passions déchaînées, comme est la vertu chrétienne, à laquelle très-peu parviennent, quoique tous y soient appelés; c'est comme une qualité négative ; elle résulte de l'éloignement des occasions par lesquelles la plupart des hommes sont entraînés; elle se forme dans une position avantageuse qui met les hommes à l'abri des atteintes des passions. Ou, s'il la faut prendre pour une qualité positive, c'est l'amour de la patrie, qui suit naturellement de l'exemption des passions particulières, exemption qui ne paroîtra jamais devoir s'étendre sur le plus grand nombre des membres d'un état, à moins qu'elle n'y provienne de la privation habituelle des objets qui peuvent exciter ou réveiller les passions particulières.

Jamais aussi l'Auteur de l'Esprit des Loix n'auroit regardé comme solides des institutions politiques qui n'auroient pu subsister que par une vertu générale & surnaturelle.

La vertu positive, active, raisonnée, qui consiste à maîtriser & régler ses désirs, n'est pas sans doute inaccessible à l'homme. L'homme sans doute y peut atteindre, depuis qu'il a pour guide une morale saine & pure « qui

» ne se contente pas d'arrêter la main en
» abandonnant le cœur; qui enveloppe toutes
» les passions; qui n'est pas plus jalouse des
» actions que des pensées & des désirs; qui
» laisse derrière elle la justice humaine, &
» commence une autre justice »; qui se
montre digne d'avoir été manifestée, ou du
moins retracée & totalement dévoilée par
une révélation divine; elle paroît si simple
& néanmoins elle est demeurée impénétrable
à la sagacité des anciens sages; elle répond
seule à la dignité de l'homme par le genre
de vertu qu'elle lui prescrit, & concilie cependant avec sa nature le dévouement à tous
les sacrifices dont elle compose sa vertu. Ne
prétendant point étouffer en lui l'amour qu'il
a pour lui-même & son penchant à rechercher avidement sa propre félicité, elle le
détrompe seulement de l'illusion des faux
biens & lui découvre le bien véritable qu'il
obtiendra par ses victoires sur lui-même, sans
avoir d'autres combats à livrer, & sans avoir

à craindre aucun partage ; elle transporte ainsi l'intérêt de l'homme & ses affections prédominantes par delà les bornes du monde & de la vie ; dès à présent elle sépare l'homme de son corps, qu'elle laisse seul sur la terre, & d'autant plus soumise à l'ame que l'ame le gouverne de plus loin & de plus haut : par elle est dès-lors extirpé tout motif de concurrence & de rivalité parmi les hommes, dès-lors enfin, si son empire étoit universel & tout-à-la-fois irrésistible, elle rendroit à l'affection qu'ils sentent naturellement les uns pour les autres toute son énergie originelle, & ne leur laisseroit que les avantages & les douceurs de la société qu'ils continueroient d'entretenir & qu'ils cultiveroient de même par besoin & par goût.

Mais, la politique se défie à bon droit de l'empire de la morale sur le cœur, & même sur l'esprit des hommes. Elle est forcée de faire plus de fond sur la première espece de vertu dont ils sont susceptibles, c'est-à-dire, sur l'exemption de desirs, fruit précieux du défaut d'objets à désirer.

Cependant cette vertu négative est encore elle-même peu solide, elle est sujette à se confondre à l'apparition des objets dont l'absence permettroit qu'elle existât & se pût soutenir. On s'abuseroit donc singulièrement en se persuadant qu'il est avantageux & glorieux même au Gouvernement Républicain d'avoir la vertu pour principe & pour ressort. On s'abuseroit en se persuadant que la Monarchie, ayant pour principe l'honneur, ou le simple respect pour l'opinion d'autrui, soit comme ravalée par le défaut de pureté d'un tel ressort. Les Républicains peuvent se glorifier de la durée de leur gouvernement, parce que sa durée est un témoignage de leur vertu; mais, que ce gouvernement ne soit tolérable & ne puisse subsister que par la vertu de ses membres, c'est une imperfection qui le détériore & donne droit de le déprifer. L'objet final de tout gouvernement n'est-il pas de contenir les passions & de suppléer à la vertu ? N'est-il pas vrai que des hommes parfaitement vertueux rendroient le pouvoir coactif absolument inutile ? Ce gouvernement est donc imparfait & défectueux, qui demande pour ressort précisément ce qu'il doit remplacer. Quelles sont les inventions de l'art qui se font le plus admirer & dont on tire le plus d'utilité, sinon celles qui, destinées à suppléer à l'insuffisance de la force humaine, exigent le moins le concours de la même force ? « Dans les Monarchies, dit » aussi M. de Montesquieu, la politique fait » faire les grandes choses avec le moins de » vertu qu'elle peut, comme dans les plus » belles machines, l'art emploie aussi peu de » mouvemens, de forces & de roues qu'il » est possible ».

Cependant comme la vertu qui fait le bonheur des hommes vertueux, feroit aussi le bonheur de la société, moins le gouvernement a besoin que les citoyens soient imbus de la vertu politique, plus le bien de la société demande qu'ils soient puissamment sollicités de s'attacher à la vertu qui tient à la Religion. L'attention à ne rien hazarder qui tende à discréditer la Religion, est donc un devoir civil, encore plus étroit dans la Monarchie que dans la République. C'est sur-tout dans la Monarchie qu'on ne peut frapper sur la Religion, sans frapper en même-tems sur la société.

Non-seulement l'imperfection du Gouvernement Républicain se découvre par cette observation générale, qu'il a pour principe ce qu'il doit remplacer, mais aussi, ce même principe particuliérement observé paroît plus délicat, plus corruptible que le principe du Gouvernement Monarchique & plus difficile ensuite à rétablir. La corruption gagne le principe du Gouvernement Républicain par tous les endroits que la législation n'a pas assez défendus, ou qu'elle n'a pas pu mieux défendre ; le principe du Gouvernement

Monarchique ne se corrompt que par la faute ou la négligence du Prince.

« Ce principe se corrompt, dit M. de
» Montesquieu, lorsqu'on ôte peu à peu les
» prérogatives des corps & les privilèges des
» villes, lorsque le Monarque, au lieu de se
» borner à une inspection générale, seule
» digne du Souverain, veut gouverner tout
» immédiatement par lui-même; lorsqu'il
» croit montrer davantage sa puissance en
» changeant l'ordre des choses, qu'en le sui-
» vant; lorsqu'il ôte les fonctions naturelles
» des uns pour les donner arbitrairement à
» d'autres; lorsqu'il est plus amoureux de ses
» fantaisies que de ses volontés (qui sont les
» loix par lui faites, ou par lui confirmées);
» lorsqu'en rapportant tout uniquement à lui
» seul, il appelle l'état à sa capitale, la capi-
» tale à la cour, la cour à sa seule personne;
» lorsqu'il méconnoît son autorité, sa situa-
» tion, l'amour de ses peuples; & lorsqu'il
» ne sent pas bien qu'un Monarque doit se

» juger en sûreté, comme un Despote doit
» se croire en péril ».

« Le principe de la Monarchie se corrompt
» encore lorsque les premières dignités sont
» les marques de la première servitude ; lors-
» qu'on ôte aux grands le respect des peuples,
» & qu'on les rend de vils instrumens du
» pouvoir arbitraire. Il se corrompt encore
» plus lorsque l'honneur est mis en contra-
» diction avec les honneurs, & que l'on peut
» être tout à-la-fois couvert d'infamies & de
» dignités, comme lorsque Tibere fit élever
» des statues & donna les ornemens triom-
» phaux aux délateurs ».

« Il se corrompt lorsque le Prince change
» sa justice en sévérité, lorsqu'il met comme
» les Empereurs Romains, une tête de Mé-
» duse sur sa poitrine ; lorsqu'il prend cet
» air menaçant & terrible que Commode
» faisoit donner à ses statues ».

« Enfin, le principe de la Monarchie se
» corrompt, lorsque des ames singuliérement

» lâches tirent vanité de la grandeur & de leur
» servitude, & qu'elles croient que ce qui
» fait que l'on doit tout au Prince, fait que
» l'on ne doit rien à sa patrie ».

Le dépérissement & la conservation du principe de la Monarchie dépendent donc presqu'entiérement de la conduite du Monarque ; & sans contredit, il trahit ses propres intérêts, s'il détruit ce principe, s'il l'anéantit, s'il l'affoiblit sans nécessité, s'il oublie que ce principe est dans l'État ce que le sang est dans le corps humain. Il n'est donc pas à présumer que le Monarque veuille agir contre lui-même.

Il pourra s'y laisser engager sans le sçavoir.

Du moins, pourra-t-il aussi se laisser détromper, ou se relever de ses erreurs par ses propres réflexions.

Un Monarque peut toujours se réformer, son ambition peut s'éteindre ou se tempérer, son ardeur pour les plaisirs peut se calmer, se modérer & le rendre aux nobles soins qui sont attachés à sa dignité. Sa gloire n'est pas seule intéressée à cet heureux changement; il y va même de l'intérêt qu'il a de maintenir la constitution de l'État & de préserver sa propre autorité de toute altération, ou du moins il y va de sa sécurité sur ce point. Qui le garantira de la méfiance, sinon la vigilance seule capable de prévenir & d'écarter tout sujet de méfiance ? D'où naîtra dans son esprit une sécurité raisonnable, sinon de la vigilance, unique fondement solide de la sûreté, & par conséquent de la sécurité ? Les regards du Monarque ne doivent pas même se porter si rapidement au loin, qu'il en oublie de regarder autour de lui. Car, s'il est vrai, « ce que l'on a vu dans tous les tems, dit » M. de Montesquieu, qu'à mesure que le » pouvoir du Monarque devient immense, » sa sûreté diminue, & s'il résulte delà que » corrompre son pouvoir jusqu'à le faire » changer de nature, soit un crime de Ma-» jesté contre lui »; il ne seroit pas pourtant étonnant que ce crime ne fût pas extraordinaire, parce que ce crime suppose un défaut de vues, & non pas de mauvaises vues, un défaut de lumières & non pas une perversité d'intentions. Ainsi, le Monarque, toujours libre de se réformer, doit sentir qu'il ne peut sans risque s'abandonner aveuglément aux dépositaires de sa confiance ou de son pouvoir. Ainsi, les motifs les plus pressans se réunissent pour le rappeller sans cesse à lui-même.

Le Souverain collectif d'une République a-t-il la même facilité de se réformer? Lorsque les passions régnent dans une République, quel peut être le terme de leur régne? Un peuple entier, une fois corrompu, comment se corrige-t-il? « Il est clair, dit M. de » Montesquieu, que le Monarque qui, par » mauvais conseil, ou par négligence, cesse » de faire exécuter les loix, peut aisément » réparer le mal. Il n'a qu'à changer de conseil, ou se corriger de cette négligence

» même; mais, lorsque dans un Gouverne-
» ment populaire les loix ont cessé d'être
» exécutées, comme cela ne peut venir que
» de la corruption de la République, l'État
» est déjà perdu ».

« Ce fut un assez beau spectacle dans le
» siécle passé, de voir les efforts impuissans
» des Anglois pour établir parmi eux la Dé-
» mocratie. Comme ceux qui avoient part aux
» affaires, n'avoient point de vertu, que leur
» ambition étoit excitée par le succès de celui
» qui avoit le plus osé, que l'esprit d'une
» faction n'étoit réprimé que par l'esprit d'une
» autre, le Gouvernement changeoit sans
» cesse ; le peuple étonné cherchoit par-tout
» la Démocratie & ne la trouvoit nulle part.
» Enfin, après bien des mouvemens, des
» chocs & des secousses, il fallut se reposer
» dans le Gouvernement même qu'on avoit
» proscrit ».

« Quand Silla voulut rendre à Rome la
» liberté, elle ne put plus la recevoir, elle

» n'avoit plus qu'un foible reste de vertu ; &
» comme elle en eut toujours moins, au lieu
» de se réveiller après César, Tibere, Caius,
» Claude, Néron, Domitien, elle fut tou-
» jours plus esclave ; tous les coups portèrent
» sur les tyrans, aucun sur la tyrannie ».

<small>La prétéri-
tion de la Ré-
publique fédé-
rative dans le
parallele des
différentes
constitutions
n'est qu'appa-
rente.</small>

LA République fédérative ne paroît pas avoir figurée dans le parallele des différentes constitutions, où, cependant, elle devoit également être mise en opposition avec le Gouvernement Monarchique. Mais, ce n'est là qu'une omission apparente. En effet, la République fédérative est une Aristocratie, quant à l'administration de la puissance publique dans les relations externes de l'État fédératif; ensuite, le Gouvernement intérieur de chacun des États confédérés, est Aristocratique, ou Démocratique, ou mixte, comme à Lacédémone, & même, ce qui n'est pas à la vérité si naturel, il est quelquefois Monarchique.

De plus, les principaux traits du tableau de la Démocratie ont été recueillis dans l'histoire l'histoire d'une République confédérée, dans l'histoire d'Athènes.

« La propriété naturelle des petits États
» est d'être gouvernés en République, dit
» M. de Montesquieu; celle des médiocres
» d'être soumis à un Monarque; celle des
» grands Empires d'être dominés par un
» Despote ».

« Sans des circonstance particulières, pour-
» suit-il, il est difficile que tout autre Gou-
» vernement que le Républicain puisse sub-
» sister dans une seule Ville. Un Prince d'un
» si petit État chercheroit naturellement à
» opprimer, parce qu'il auroit une grande
» puissance & peu de moyens pour en jouir
» ou pour se faire respecter; il fouleroit donc
» beaucoup ses peuples. D'un autre côté,
» un tel Prince seroit aisément opprimé par
» une force étrangère, ou même par une
» force domestique. Le peuple pourroit à

Tom. II. E

» tous les instans s'assembler & se réunir
» contre lui. Or, quand le Prince d'une Ville
» est chassé d'une Ville, le procès est fini ;
» s'il a plusieurs Villes, le procès n'est que
» commencé ».

« Un État Monarchique doit être d'une
» grandeur médiocre ; s'il étoit petit, il se
» tourneroit en République. S'il étoit fort
» étendu, les principaux de l'État, grands
» par eux-mêmes, n'étant point sous les yeux
» du Prince, ayant leur cour hors de sa
» cour, assurés d'ailleurs contre les exécu-
» tions promptes par les loix, & par les
» mœurs, pourroient cesser d'obéir & ne
» craindroient point une punition trop lente
» & trop éloignée ».

« Un grand Empire suppose une autorité
» despotique dans celui qui gouverne ; il
» faut que la promptitude des résolutions
» supplée à la distance des lieux où elles sont
» envoyées, que la crainte empêche la négli-

» gence du Gouverneur ou du Magistrat
» éloigné, que la loi soit dans une seule tête,
» & qu'elle change sans cesse, comme les
» accidens qui se multiplient dans l'État en
» proportion de sa grandeur ».

« Enfin, dans une grande République,
» il y a de grandes fortunes & par conséquent
» peu de modération dans les esprits. Il y a
» de trop grands dépôts à mettre entre les
» mains d'un citoyen. Les intérêts se parti-
» cularisent. Un citoyen sent d'abord qu'il
» peut être heureux, grand, glorieux, sans
» sa patrie, & bientôt qu'il peut être seul
» grand sur les ruines de sa patrie. Il est donc
» de la nature d'une République qu'elle n'ait
» qu'un petit territoire ; sans cela elle ne
» peut gueres subsister ».

« Mais, reprend M. de Montesquieu, si
» une République est petite, elle est détruite
» par une force étrangère, de même qu'elle

E 2

» se détruit par un vice intérieur lorsqu'elle
» est grande ».

« Ce double inconvénient infecte égale-
» ment les Démocraties & les Aristocraties,
» soit qu'elles soient bonnes, soit qu'elles
» soient mauvaises. Le mal est dans la chose
» même ; il n'y a aucune forme qui puisse y
» remédier ».

« Ainsi, il y a grande apparence que les
» hommes auroient été à la fin obligés de
» vivre toujours sous le gouvernement d'un
» seul, s'ils n'avoient imaginé une manière
» de constitution qui a tous les avantages in-
» térieurs du Gouvernement Républicain &
» la force extérieure du Monarchique. Je
» parle, dit-il, de la République fédérative ».

« Cette forme de Gouvernement est une
» convention par laquelle plusieurs corps po-
» litiques consentent à devenir citoyens d'un
» État plus grand qu'ils veulent former ; c'est

„ une société de sociétés qui en font une
„ nouvelle; c'est une société qui peut s'agrandir,
„ par de nouveaux associés, jusqu'à ce que
„ sa puissance suffise à la sûreté de ceux qui
„ se sont unis ».

« Ce furent ces associations qui firent si
„ long-tems fleurir le corps de la Grèce.
„ Par elles les Romains attaquèrent l'univers,
„ & par elles seules l'univers se défendit
„ contre eux.

« C'est par là que la Hollande, l'Alle-
„ magne, les Ligues Suisses, sont regardées
„ en Europe comme des Républiques éter-
„ nelles ».

Les réflexions de M. de Montesquieu sur
l'instabilité d'une grande République, & sur
l'instabilité du Gouvernement Monarchique
dans une seule Ville sont de simples présages,
des conjectures plausibles, plutôt que des
régles de conduite. Les suites naturelles de

E 3

l'activité des passions humaines, dans une République trop grande ou dans une Monarchie trop petite, ont été judicieusement prévues ; mais ces passions ne sont point transformées en droit. Ou, s'il faut regarder les mêmes réflexions comme des régles de conduite, ces régles ont des tems déterminés pour être consultées & suivies, sçavoir les tems de crise & de combustion, ou le tems de l'institution d'un Gouvernement. Ces réflexions ne font point entendre qu'il ait jamais été permis de provoquer des soulévemens, soit dans un petit État, pour essayer d'y substituer la forme républicaine à la Monarchie, soit dans un État médiocre, pour y mettre le Gouvernement monarchique à la place du républicain. En montrant un rapport de convenance entre l'étendue du territoire & la forme du Gouvernement d'un État, M. de Montesquieu n'ignoroit pas que les rapports de convenance sont subordonnés les uns aux autres, & qu'il n'est rien de plus convenable que le maintien du gouvernement établi.

Aussi, n'a-t-il jamais dit ce qu'a dit depuis l'Auteur de l'écrit intitulé Contrat Social, il n'a jamais dit qu'il ne vouloit que de petits États. Il ne pensoit pas qu'il montreroit sa sagesse en proposant de changer l'ordre établi, plutôt qu'en aidant à le perpétuer.

Il étoit bien loin de penser qu'il fallut bouleverser, dissoudre & décomposer toutes les Monarchies pour en réduire les différentes piéces en petites Démocraties, obligées pour leur sûreté de former des Républiques fédératives. Il étoit bien loin de penser qu'il fût à propos, en toutes Monarchies, de confondre & remettre en masse toutes les possessions & propriétés pour en faire une distribution ou répartition assortie à la nature de la Démocratie, & que, pour entretenir cet ordre de répartition, il fallût aussi refondre dans les mêmes États, toute la législation civile. Il étoit bien loin de penser que la recherche habituelle des distinctions, jointe à l'usage habituel des voluptés & du luxe, pût se convertir tout-à-coup, en amour de l'égalité & de la frugalité. Son aversion pour de pareilles idées est assez justifiée par la manière dont il s'explique, pourquoi Silla ne put parvenir à rétablir dans Rome l'Aristocratie, & pourquoi dans le dernier siécle, la Démocratie ne put jamais prendre pied chez les Anglois. Enfin, il étoit bien loin de penser qu'il fallût courir tous les hazards & braver tous les dangers d'un grand changement, pour obtenir d'avoir à supporter dans un petit État les inconvéniens du Gouvernement républicain, au lieu d'avoir à supporter, dans un État de médiocre étendue, les inconvéniens du Gouvernement monarchique. En effet, il sçavoit bien que dans les relations externes de la République fédérative, la puissance exécutrice étant régie par le commun conseil, on a lieu d'en appréhender tout ce que l'Aristocratie fait appréhender à cet égard.

Il sçavoit enfin que l'association de plusieurs petites Républiques produit nécessairement une alternative dont il découvroit toutes les suites. Dans la République fédérative où les Juges & les Magistrats particuliers des Villes sont choisis par le conseil commun où chaque État confédéré les nomme. Au premier cas, le Gouvernement particulier de chaque Ville est Aristocratique, & sujet aux inconvéniens inséparables de l'Aristocratie, dans l'exercice de la puissance législative, & sur-tout dans l'exercice de la puissance de juger. Au second cas, d'un côté, le Gouvernement particulier de chaque Ville confédérée, est Aristocratique, ou Démocratique, & sujet aux inconvéniens inséparables de l'une ou de l'autre constitution ; & d'un autre côté, l'association devient plus foible & moins utile, parce

qu'elle est dirigée par un corps moins autorisé, & composé de membres moins unis, moins animés d'un même esprit. « En Lycie, les
» Juges & les Magistrats des Villes étoient
» élus par le conseil commun. Dans la Ré-
» publique de Hollande, ils ne sont point
» élus par le conseil commun, & chaque
» Ville nomme ses Magistrats. S'il falloit
» donner un modèle d'une belle République
» fédérative, dit M. de Montesquieu, je
» prendrois la République de Lycie ».

Tout cela fait bien voir qu'il n'avoit été retranché du parallele des différentes constitutions que le nom seul de république fédérative.

Résultat du paralle des différentes constitutions.

TOUTE cette balance enfin peut se réduire au résultat le plus simple & le plus facile à saisir. Dans une République, quand le gros des citoyens cede à la séduction des passions particulières & des intérêts privés, les loix perdent toute leur force & demeurent fans exécution, ou ne reçoivent que des applications fauffes, injuftes & tyranniques ; la corruption infecte toutes les parties de l'adminiftration, le défordre & la confufion font extrêmes dans l'intérieur de l'état, & le Gouvernement, flottant fans ceffe, paffe continuellement d'une forme à l'autre. C'eft ce qu'attefte le corps entier de l'hiftoire des Républiques ; c'eft ce dont on eft même fuffifamment convaincu pour peu qu'on jette les yeux fur l'hiftoire d'Athènes aux tems d'Alcibiade, d'Iphicrate & de Phocion ; fur celle de Lacédémone aux tems d'Agis, de Léonide & de Cléomènes, & fur-tout celle de Siracufe. Dans une Monarchie, au contraire, lofque le Prince fe laiffe diftraire de fes auguftes devoirs par les paffions, les loix confervent toute leur vigueur & continuent de faire jouir les citoyens de la paix & de la tranquillité civile : dans une Monarchie, la puiffance fouveraine concentrée dans un seul, & séparée de tous les ordres de l'état, les tient tous dans l'indépendance, &, tandis que le sentiment de l'indépendance les jetteroit dans toutes sortes d'écarts, les porteroit à s'affranchir du joug & de l'observation des loix, le sentiment de la dépendance est une force puissante & cachée au dedans d'eux-mêmes, qui les assujettit aux régles & les empêche de s'écarter de la direction qu'ils doivent suivre. Tels nous voyons ces globes immenses suspendus sur nos têtes, continuer d'obéir, depuis le commencement des siècles à la première impulsion qu'ils ont reçue d'une main toute puissante, & garder dans tous leurs mouvemens la plus constante régularité.

S'il est vrai que l'affection au bien public languit & meurt, étouffée par les passions particulières, aussi-tôt qu'elles sont écloses dans un gouvernement républicain, si dès-lors l'affection générale au bien public ne peut plus servir à vivifier le gouvernement, si dès-lors enfin le gouvernement démocratique doit dégénérer en licence, & l'aristocratique en brigandage; il n'est pas moins vrai que l'époque de la fondation d'une république ne peut guères être éloignée de l'époque où les passions particulières viennent à germer dans les cœurs du plus grand nombre des citoyens. L'homme est entraîné par un penchant naturel à tout ce qui lui procure des avantages ou réels, ou d'opinion, &, de plus, l'expérience journalière en fait foi, ce n'est pas le commun des hommes qui sçait vaincre ce penchant ou seulement le régler. En conséquence, aussi-tôt que les richesses s'introduisent dans un état, elles en corrompent presque tous les membres, les uns par la possession, les autres par la convoitise; &, comme une incendie s'allume par dégrés, gagne de proche en proche, & s'étend bientôt au loin, & cause en peu de tems les plus affreux ravages; ainsi, dans un état, les richesses allument la cupidité, qui communique à toutes les autres passions & qui les enflamme toutes.

Les sujets d'un Monarque ne sont point exempts de passions; la cupidité, l'ambition, l'envie & la jalousie les possedent & les tourmentent, mais ils ne sont & ne peuvent être que sujets. Leurs passions n'ont point à se disputer de si grands objets que celles des Républicains. Elles ne se heurtent donc pas avec tant de violence, & pour l'ordinaire leur combat n'a que les suites heureuses de l'émulation. Elles ne peuvent pas au moins déchirer le gouvernement même qui les tient en bride & les renferme dans les bornes qu'elles peuvent avoir. C'est le rivage où, pour ainsi dire, elles viennent déposer toute leur furie.

En un mot, dans une Monarchie, les passions humaines ne divisent pas le Souverain; elles le divisent continuellement dans une République dont le Souverain est le corps du peuple ou le corps des nobles.

Ceux qui pensent que le Gouvernement Monarchique est de sa nature le moins défectueux & le plus convenable dès que la grandeur de l'État le comporte, ne peuvent donc pas être embarrassés pour faire valoir leur opinion. Ils ont à dire que ce Gouvernement convient le mieux au caractère général des hommes, à ce caractère qu'ils sont toujours si prompts à reprendre, & M. de Montesquieu dit : « que le Gouvernement le plus conforme » à la nature est celui qui se rapporte le mieux » à la disposition du peuple pour lequel il est » établi ».

Conséquence à laquelle il faut se restreindre après toute cette première partie.

Ils diront encore qu'il est contraire à la saine raison de permettre aux passions de se jouer de l'unique frein qui puisse les arrêter. Ce désordre, ajouteront-ils, est la suite naturelle du Gouvernement Républicain. La raison, poursuivront-ils, n'approuve pas plus le Gouvernement populaire qu'elle n'approuveroit le projet de commettre tous les Matelots ensemble pour faire les fonctions de Pilote. Ils demanderont si les sujets instruits & capables ne font pas le plus petit nombre dans les compagnies même où de certaines épreuves, heureusement ou fictivement subies donnent entrée. Ils rappelleront le caractère inconstant & léger de la multitude, suite nécessaire de son incapacité, pour appercevoir & saisir la liaison & l'ensemble de toutes les parties que la machine politique embrasse. A quelle ignorance, diront-ils, la multitude joint-elle habituellement la précipitation ou plutôt l'impétuosité la plus fougueuse! Ils opposeront sur-tout au Gouvernement Républicain la délicatesse & la fragilité du ressort sans lequel ce Gouvernement devient intolérable. Il est aussi difficile, diront-ils, que la vertu soit générale, & se conserve dans un État, comme il est difficile d'en bannir éternellement

ment tous les objets qui sont de nature à réveiller & développer les passions humaines.

Mais il ne s'agit point ici d'assigner les rangs entre les constitutions politiques, & de rehausser l'une, en s'appliquant à rabaisser les autres. Les défauts naturels du Gouvernement Républicain sont principalement sensibles dans une République, & de même ceux du Gouvernement Monarchique sont singuliérement présens à l'esprit, & le frappent & l'affectent singuliérement dans une Monarchie. Il falloit donc, dans une Monarchie, s'appesantir sur les défauts du Gouvernement Républicain. Après quoi, voici ce qu'il faut conclure d'une telle discussion.

Toutes les constitutions où les hommes sont régis par des loix, sont également dignes de recevoir l'empreinte d'un droit qui les consacre & les rende inviolables; & comme on le verra bientôt, pour qu'elles portent cette empreinte, il suffit qu'elles soient établies. Parmi ces constitutions, il n'en est aucune dont on puisse dire qu'elle prévaut sur les autres, au point de devoir être substituée à celles qui se trouvent établies ; il n'en est aucune qui possede, au-dessus des autres, des avantages assez grands, assez marqués, assez frappans, assez étendus, pour mériter une prérogative qui coûteroit si chere au genre humain.

En un mot, & dans les termes de la proposition à démontrer, pour asseoir & le titre & le droit d'un Souverain individuel ou collectif, vainement les fera-t-on porter sur une perfection absolue dans son organisation politique ou même sur une perfection relative,

[83]

SECONDE PARTIE.

A LA SUITE de la proposition précédente, voici, dans le plan projetté de ce Discours, celle qui doit être développée & prouvée; vouloir indiquer pour fondement du droit des Souverains & leur assigner pour titre la régularité des procédés mis en usage au tems de leur institution, régularité parfaite, ou peu mélangée, c'est envelopper de ténèbres & plonger dans un gouffre de discussions incertaines le titre qui doit être le plus apparent, le plus incontestable, & le droit qui doit être, comme il est en effet, le plus évident & le plus sensible.

CETTE nouvelle proposition ne paroît-elle pas démontrée aussitôt qu'annoncée ? Une régularité parfaite dans l'institution d'un

Seconde proposition à démontrer.

Démonstration. La supposition d'une institution de Gouvernea

F 2

Gouvernement suppose une multitude dont tous les individus ont réuni les plus grandes lumieres avec la plus grande vertu. Puis une telle supposition exige à son tour l'abstraction la plus entiere de la connoissance des hommes & des faits.

Si tous les membres de chaque société politique avoient été capables d'apporter dans l'institution du Gouvernement des vues pures & désintéressées; quel besoin auroit-on eu de Gouvernement & de Souverain ? S'il pouvoit être vraisemblable que les changemens dans le Gouvernement d'un État n'enfanteroient ni division, ni cabale, & n'éveilleroient ni l'ambition, ni la cupidité; ceux qui seroient à ce point maîtres d'eux-mêmes, auroient-ils besoin d'autres maîtres ? L'autorité bien établie suffit à peine à contenir les passions; comment seroient-elles contenues dans le moment de l'établissement de l'autorité ? Comment les supposer en même-tems sans action & sans frein ? Elles ont précédé

ment, régulièrement faite, exige d'autres suppositions ou conditions impossibles.

l'établissement de l'autorité qu'elles ont rendu nécessaire, & demander que l'autorité dans son principe ait été vraiment établie par des procédés réguliers & pleinement équitables, c'est demander, ou que l'autorité ne soit & n'ait jamais été nécessaire, ou qu'il ne soit & n'ait jamais été possible de l'établir malgré sa nécessité.

Par sa nature, il est vrai, tout Gouvernement a pour objet principal l'avantage de ceux qui sont gouvernés, & s'il fait jouir ceux qui gouvernent, de prééminences & de prérogatives, elles ne leur sont données que comme des moyens de remplir le principal objet de cette institution ; cependant cette institution ne sçauroit être rangée dans aucune classe de contrats intéressés d'un seul côté, non pas même dans celle des contrats de mandat, parce que cette espèce de contrat doit intervenir directement entre le mandant & le mandataire qui, nommé par le mandant, tient aussi de lui tout son pouvoir. L'institution des

L'institution des Gouvernemens ne peut gueres être rangée que dans la classe des quasi-contrats.

Gouvernemens auroit bien plutôt de l'analogie avec plusieurs espèces de quasi-contrats. Les tuteurs & les curateurs, par exemple, sont des quasi-mandataires qui ne tiennent pas leurs pouvoirs de ceux dont les intérêts leur sont confiés, ceux-ci n'étant pas plus capables de se choisir des vices-gérans, que de gérer par eux-mêmes. O Athéniens, vous êtes des enfans, disent à Solon les Egyptiens, remplis de leur fabuleuse ancienneté; ô peuples, peut-on dire, qu'on ne vous fasse pas prétendre à choisir par vous-memes vos tuteurs!

Les premiers Gouvernemens, selon M. de Montesquieu, auront été despotiques.

Les Historiens n'étant venus & n'ayant pu venir que long-tems après l'établissement des sociétés, on ne peut pas sçavoir sûrement comment les premières sociétés & les premiers Gouvernemens se sont formés. On est réduit à cet égard à de simples conjectures; & ce qui paroît le plus naturel à penser, c'est qu'on n'a pas commencé par rédiger des Loix. On n'aura pas senti tout d'abord qu'une pareille collection fût nécessaire & possible. On n'aura

pas senti d'abord qu'au lieu d'être la loi même, le Souverain doit être le Législateur, & qu'il doit pour son propre intérêt, s'enchaîner avec tous ses sujets par ses propres loix, en les étendant dans toute la portée de la sagesse & de la prévoyance humaine : le Gouvernement arbitraire ou despotique aura d'abord été le seul dont on ait eu l'idée : il aura sauté, pour ainsi dire, aux yeux, selon l'expression de M. de Montesquieu : « comme
» il ne faut que de l'ignorance & des passions
» pour l'établir, tout le monde, dit-il,
» est bon pour cela ».

Ensuite de l'abus du pouvoir arbitraire, de sa force & de sa foiblesse, de l'accroissement des lumières, de l'irritation & du développement des passions, par l'effet même de l'association civile, sont nées les révolutions dans lesquelles les différentes formes de gouvernement modéré ont pris naissance.

DANS le cours de sa durée, une nation assemblée se seroit-elle choisi son gouverne-

Que penser d'un Gouvernement établi par les repré-

ment, & son souverain par ses suffrages directs? ou se seroit-elle nommé des représentans, pour se reposer sur eux de l'un & l'autre choix? L'explication qu'a déjà reçu plus haut la première de ces hypothèses, convient également à la seconde. Sans s'armer de la plus haute ressemblance pour critiquer la conduite qu'auroient tenue de tels représentans, sans voir en conséquence arguer de nullité l'usage qu'ils auroient fait de leurs pouvoirs, il suffira de dire que le défaut de connoissance & de lumières dans les commettans auroit rendu l'acte, portant commission, radicalement nul; sur-tout dans une espece de mandat dont l'exécution auroit été bornée à contracter, au nom des mandans, une obligation qui n'auroit eu d'autre principe & d'autre fin que l'intérêt des mandans eux-mêmes. Séparé des considérations qui le rendent efficace & valable, un consentement aveugle, a-t-il été dit, est un consentement nul. L'élection des représentans d'une nation

sentans d'une nation, ou par la nation elle-même?

chargés de l'inſtitution d'un gouvernement, & par conſéquent l'inſtitution par eux faite, de même qu'une pareille inſtitution, faite par un peuple aſſemblé, ſeroient donc des actes radicalement nuls, dès qu'ils ſeroient ſéparés de la ſeule conſidération qui ſoit capable de les valider, dès qu'ils ne ſeroient pas ſoutenus par l'intérêt général de la nation dont ils ſeroient émanés, & de chacun de ſes membres.

ON ne pourroit pas ſeulement imaginer que la juſtice eût preſcrit une forme de procéder à l'inſtitution des Gouvernemens qui fût la même pour tous les tems & pour tous les lieux, dont on n'eût pas pu s'écarter ſans crime, & qu'on dût obſerver encore, dans un État, par exemple, où la famille régnante viendroit à s'éteindre, tandis que ce fatal événement n'auroit point été prévu par les loix politiques de cet État. Dans une pareille criſe, pour ſe conformer au vœu de la juſtice & de l'humanité, les perſonnages les

Quelle conduite tenir dans l'inſtitution d'un Souverain, par exemple, après l'extinction de la famille régnante?

plus accrédités, les plus autorisés, qui se trouveroient armés du pouvoir & de la force, quoique le principe apparent de leur pouvoir ne subsistât plus, devroient écarter de leur esprit toutes vues particulières, & diriger toutes leurs démarches vers le bien public. Ils devroient agir avec un parfait concert, &, pour consommer la plus importante opération, parmi toutes les formes qui seroient en usage, ils devroient adopter celle qui seroit la plus révérée, & ne rien omettre pour la rendre plus solemnelle & plus propre à faire sur les esprits une impression forte & durable. C'est ainsi qu'ils rempliroient le devoir que l'immuable justice leur prescriroit, à raison de leur position, (car on est obligé de faire tout le bien qu'on est à portée de faire). En un mot, on ne peut pas annoncer d'avance, par quels sentiers l'immuable justice conduiroit pas à pas, en pareille conjecture, les principaux d'une nation, & même les citoyens du moyen ordre. On sçait seulement en général, que la justice leur prescriroit à tous de faire pour le mieux. Le feroient-ils ? N'abaisseroient-ils leurs regards sur leurs intérêts particuliers qu'après les avoir tenus constamment élevés vers le bien public ? Ils n'est que trop permis d'en douter. Il paroît donc qu'à bien examiner l'origine des Gouvernemens, on n'y reconnoîtroit qu'une seule différence, celle de l'irrégularité constatée, à l'irrégularité justement & nécessairement présumée ; en sorte que, si le devoir de la soumission au Gouvernement établi dépendoit de la pureté d'origine du Gouvernement, l'ordre & la paix n'auroient plus d'asyle sur la terre.

Quoi donc, on est forcé de penser qu'à la naissance des sociétés, le Gouvernement a d'abord été nécessairement arbitraire, ou despotique ; ensuite chez les nations dégagées de leur première stupidité, l'institution des Gouvernemens ne se fait encore envisager que comme l'ouvrage, ou de l'intrigue & *Conséquence de cette seconde partie; la proposition qu'il falloit démontrer.*

de l'adreſſe ; ou de la terreur & de la violence ; on ne pourroit pas même enfin ſe figurer une inſtitution de Gouvernement dont l'irrégularité put être exactement meſurée ; comment donc pourroit-on vouloir indiquer pour fondement du droit des Souverains, & leur aſſigner pour titre la régularité parfaite ou peu mêlangée des procédés mis en uſage au tems de leur inſtitution ?

TROISIEME PARTIE.

Aucun Souverain ne pouvant invoquer pour titre de légitimité, ni la perfection absolue ou relative de son organisation, ni la régularité de son institution, il faut nécessairement que la possession ait toujours été le véritable titre de tous les Souverains individuels ou collectifs.

_{La troisième & principale proposition est déjà la conséquence des deux propositions préalables.}

Cette proposition n'est pas tout-à-fait celle annoncée pour être le principal objet de ce Discours; mais, celle-ci va devenir le complément de celle-là, qui, sans ce complément, n'offriroit à l'esprit qu'une idée informe & tronquée, & n'attribueroit aux Souverains qu'un titre indéterminé, variable, & sujet à la plus funeste contradiction. Le terme vague de possession, & même de poffeffion ancienne, ne dit rien. Pour que la poffeffion puiffe être un titre politique, il faut qu'elle foit déterminée, comme elle eft déterminée, toutes les fois qu'elle eft un titre civil.

Dans toutes les conftitutions dignes d'entrer en parallele les unes avec les autres, la poffeffion actuelle a donc été dans tous les tems, & ne ceffe pas d'être pour tous les Souverains individuels ou collectifs, un titre inviolable & facré. L'union du droit à la poffeffion actuelle, dans l'ordre politique, eft le rapport de cette union même à l'intérêt le plus évident & le plus effentiel de tout le genre humain, rapport néceffairement dérivé de la nature des chofes, & d'une telle évidence, qu'il entraîne & détermine invinciblement l'acquiefcement de la raifon.

Ce qui compofera la démonftration de la propofition principale.
TELLE eft l'importante vérité dont tout ce qui précede, a préparé la démonftration. Cette vérité fe fera d'abord reconnoître pour telle, en déployant la propriété diftinctive de la

vérité ; c'eſt-à-dire, en dénouant toutes les difficultés dont elle paroît embarraſſée, en repouſſant dans le néant de l'erreur tout ce qui viendra la heurter & la contredire.

Enſuite l'inſpection des élémens dont elle eſt formée, achevera de convaincre les eſprits. Les élémens dont eſt compoſée cette vérité, ſont les premiers principes du droit naturel.

Ils ſont les ſeuls principes juſtificatifs du droit de propriété publique & particulière.

Ils ſont les ſeuls principes juſtificatifs des plus importantes loix civiles & criminelles.

Ils ſont les principes fondamentaux de toutes les loix humaines.

Enfin, comme pluſieurs exemples le prouveront de plus en plus, M. de Monteſquieu, dans tout ſon ouvrage, a toujours les mêmes principes en vue. Ces principes placent dans leur rang & ſervent à lier tous les rapports dont la maſſe entière eſt appellée l'Eſprit des Loix.

Il est très-avantageux pour une nation que la possession de son Souverain soit très-ancienne.

LA possession que l'intérêt général érige en titre politique, n'est donc pas seulement une possession ancienne, & comparable par sa durée, à celle de l'auguste Famille qui régne sur la France.

Heureux sans doute un État dont le Souverain est, pour ainsi dire, aussi profondément enraciné! Heureux les membres de cet État qui ne peuvent méconnoître ni leur chef & leur guide, ni l'étendue de ses droits! Heureuse la nation pour qui le point le plus important à son bonheur, est tellement dégagé de toute obscurité, qu'on ne peut espérer de l'abuser à cet égard, & de lui faire prendre le change! Heureuse cette nation! la paix & la tranquillité dont elle a joui par le passé, lui montrent dans l'avenir les douceurs d'un repos & d'un calme presque éternels, tandis qu'une nation, nouvellement délivrée des horreurs de la guerre civile, a souvent à craindre que les orages passés n'attirent à leur suite de nouveaux orages.

CEPENDANT,

[97]

CEPENDANT, lorsqu'elle étoit devenue paisible, la possession même récente & vicieuse dans son principe, ne laissoit pas d'être jusqu'à certain degré du moins, un titre politique. Elle portoit dès-lors l'empreinte d'un droit externe que devoient respecter ceux mêmes qui s'étoient vus forcer de plier sous l'usurpation.

Différence dans les devoirs des sujets envers le Souverain, quand sa possession est ancienne & quand elle est plus ou moins récente.

Non, s'ils n'étoient pas tenus de la défendre, il ne leur étoit pas permis de l'attaquer.

Ainsi, dans l'ordre politique, les mêmes principes qui changent en droit la possession ancienne, érigeoient en titre la possession récente, mais sans la rendre aussi recommandable que la possession ancienne, & sans attacher à ces deux titres politiques les mêmes conséquences. Il faut faire ressortir une différence aussi notable entre l'une & l'autre possession.

Non-seulement la possession du pouvoir souverain, perpétuée & consolidée dans un long calme, doit imprimer le respect le plus religieux, mais pour elle encore doivent s'enflammer le zele ardent & la vive affection qui se font appeller patriotisme. Dans une constitution raisonnable, exciter des souleve-mens contre un Souverain, muni d'une longue possession, c'étoit se déclarer l'ennemi du genre humain, & saper l'unique barrière qui le préserve d'une entière destruction. Défendre une telle possession, & mourir en la défendant, c'étoit combattre & mourir pour le genre humain. Tout citoyen que son poste mettoit à portée de servir une si belle cause, ne devoit se croire permis de céder à l'usurpation, qu'au moment funeste, où la résistance en cessant d'être utile, devenoit beaucoup plus périlleuse ; comme un guerrier généreux ne se croit permis de céder à l'ennemi supérieur en forces que quand il ne voit pas même jour à mourir utilement pour l'État.

Après une révolution consommée, lorsque

la paix & l'harmonie sociale étoient rétablies; l'intérêt général exigeoit, & conséquemment la raison & le droit ordonnoient que la possession encore récente du nouveau Souverain individuel ou collectif, fût respectée, & que nul ne se permît de travailler à le troubler, non pas même par ses discours, ou par ses écrits. Nul ne pouvoit travailler sans crime à renverser cette possession récente, parce que c'étoit replonger un état dans les horreurs d'une guerre civile, dont on ne pouvoit prévoir ni le terme, ni le succès; nul ne pouvoit travailler sans crime à renverser cette possession récente, parce que c'étoit agir directement contre l'intérêt général, parce qu'un avantage présent & certain, l'emporte évidemment sur un avantage, même plus grand, mais incertain, & dont la poursuite peut être également vaine & funeste. Nul ne pouvoit travailler sans crime à renverser cette possession récente, parce que le droit de gouverner ne sçauroit être le fondement d'un

G 2

droit indéfini de défoler & de déchirer l'efpèce humaine, tandis qu'il a pour fondement l'intérêt du genre humain & l'évidente néceffité des Gouvernemens, pour la confervation de l'efpèce humaine. Ne feroit-il pas abfurde qu'un droit eût pour objet la confervation, & que la deftruction en fût la conféquence?

Après une révolution confommée, & pendant la durée du calme civile, il ne reftoit au Souverain dépouillé que l'appel à la juftice divine, comme, par le même motif, les fujets en font réduits là, lorfque les Souverains individuels ou collectifs ont abufé d'une autorité dont le feul intérêt des fujets avoit fait un droit.

Mais, lorfque dans le fait & même contre le droit, la poffeffion récente d'un nouveau chef ou de plufieurs, n'avoit pas été refpectée, quand le flambeau de la difcorde étoit rallumé, quand l'état étoit retombé dans l'anarchie, pour lors la poffeffion récente n'étoit plus un titre qui dut armer en fa faveur les bons citoyens, jaloux de conformer leur conduite à leurs obligations; ce n'étoit plus un titre qui dut engager les bons citoyens à s'opposer au rétablissement de l'ancien ordre ou de l'ancien souverain.

Lorsque le nouveau Gouvernement, ou le nouveau chef, s'étoient élevés du sein des troubles des factions & des dissentions, lorsque leur usurpation n'avoit encore acquis aucune consistance & devenoit une source de nouveaux troubles, le rétablissement de l'ancien ordre ou de l'ancien Souverain, paroissoit être le plus sûr moyen d'extirper le germe des troubles & des dissentions; il est donc évident qu'en n'apportant aucun obstacle à ce rétablissement, en le favorisant, en y concourant même, lorsqu'on n'étoit arrêté ni gêné par aucuns liens, on ne faisoit que suivre la direction de l'intérêt général, ou celle du droit & de la raison.

Quand la possession du Prince régnant n'avoit pas commencé en sa personne, quoiqu'elle datât de l'expulsion d'un autre Souverain, qui paroissoit avoir transmis ses droits avec son sang à ses descendans, les troubles mêmes qui s'allumoient ne devoient pas faire juger, ou pouvoient du moins très-difficilement faire juger, que le rétablissement des descendans de l'ancien souverain fût nécessaire pour extirper le germe des troubles & des dissentions, & que les circonstances & la disposition des esprits pussent permettre ce rétablissement, & le rendre avantageux à la nation. L'intérêt général, qui fait la loi suprême en ces matières, paroissoit demander en pareil cas, qu'on s'attachât à la dernière possession, & qu'on la défendît avec une inviolable fidélité.

Devoirs des sujets dans un Gouvernement dont l'institution originelle est tout-à-fait obscure.

Si l'on ignore à quelle époque & par quelles voies un Gouvernement s'est établi, rien n'empêche de supposer à ce Gouvernement une institution à peine colorée. Cette présomption est une juste conséquence de la disposition naturelle des hommes & de tout ce que l'histoire nous rapporte touchant l'origine des Gouvernemens. Mais, comment ne seroit-on pas obligé de porter le respect le plus religieux au Gouvernement dans l'inſtitution duquel on ſoupçonneroit de l'irrégularité, puiſqu'on ſeroit tenu de la même obligation, à l'égard d'un Gouvernement, qui, par ſucceſſion de tems, & par le progrès inſenſible & lent des erreurs, des préjugés & des paſſions, ou par leur fougue orageuſe, ſe feroit élevé ſur les ruines d'une conſtitution, appuyée par un pacte, ſinon réel, du moins apparent, & tel enfin que peuvent être de ſemblables pactes?

QUOIQUE les plus ſolemnelles formalités euſſent décoré l'établiſſement d'une conſtitution, elle n'en ſeroit pas plus à l'abri des injures du tems. Cela n'empêcheroit pas que, ſans aucune révolution ſenſible & convulſive, elle n'éprouvât des changemens; cela ne feroit pas non plus qu'elle fût plus excellente en elle-même & plus avantageuſe que les autres. S'il falloit donc s'agiter ſans ceſſe pour remonter à cette première conſtitution, les

Devoirs des ſujets dans une conſtitution ſubſtituée à quelqu'autre conſtitution ſolemnellement établie.

diſſentions & les guerres civiles feroient auſſi fréquentes qu'inévitables, & tandis que les partiſans de l'antique conſtitution feroient de efforts dont le ſuccès feroit très-incertain, l'utilité même d'un tel ſuccès ne feroit pas plus certaine.

Un droit qui permettroit aux ſujets de rappeller l'ancien ordre, & de repouſſer l'autorité dans ſes premières limites, qu'elle auroit franchies, & dont le tems auroit laiſſé ſubſiſter les veſtiges, feroit un droit abſurde & funeſte. Mais, un droit qui permettroit de repouſſer l'autorité dans ſes premières limites, dont le tems auroit beaucoup obſcurci, ſinon tout-à-fait effacé les veſtiges, feroit un droit plus abſurde & plus funeſte encore.

Sans doute, il faut s'inſtruire des révolutions graduelles ou ſoudaines, qui ſont arrivées dans l'intérieur des États, & tandis que l'hiſtoire raconte des faits, il faut les combiner par la réflexion pour en pénétrer les cauſes. Cette étude ne ſera jamais ſtérile pour ceux qui feront appellés à l'adminiſtration publique ; ce fera l'étude la plus propre à les rendre capables de prévenir toute eſpèce de révolutions. C'eſt l'étude la plus propre à former de vrais politiques & des hommes fçavans dans l'art de gouverner leurs ſemblables. Mais, ce féroit être conduit par les plus fauſſes vues que d'embraſſer la même étude dans l'idée que chaque État doit ſe travailler & s'agiter ſans ceſſe, pour ſe reporter à quelqu'une des formes de Gouvernement qu'il paroît avoir eu dans des tems reculés.

La tranquillité des Empires, leur deſtinée ne doit pas être ſubordonnée aux erreurs & même à la prévention paſſionnée des hiſtoriens, des annaliſtes & de ceux qui prétendroient les interprêter. Que les changemens, arrivés dans la forme du Gouvernement d'un État, ſoient donc expreſſément atteſtés par l'hiſtoire, ou qu'elle n'offre ſur ce point que des lueurs incertaines; c'eſt toujours à la conſtitution qui ſubſiſte qu'on doit demeurer inviolablement attaché. C'est l'intérêt essentiel du genre humain & de chaque homme en particulier qui le veut, & la raison dès-lors en fait un devoir indispensable.

Le devoir des sujets dans une constitution substituée à la constitution primitive, n'est point ébranlé par cette maxime: les droits d'une nation sont imprescriptibles.

On entend, il est vrai, nombre de discoureurs & quelques auteurs s'écrier avec emphase : les droits d'une nation sont imprescriptibles. Il est vrai que les nations ont des droits imprescriptibles. Chaque peuple, chaque citoyen même a certainement un droit imprescriptible à la vertu de ceux qui le gouvernent, à leur application à bien gouverner. Mais ce droit imprescriptible, tendant à l'utilité de ceux qui sont gouvernés, ne peut dès-lors être accompagné d'un droit accessoire, d'inspection & de jurisdiction sur ceux qui gouvernent, parce que ce droit accessoire, dissolvant tout Gouvernement & toute société, tourneroit à la ruine de ceux, à l'avantage desquels le droit principal se rapporte entièrement. Soumettre ceux qui gouvernent au jugement de ceux qui sont gouvernés, c'est mettre une contradiction palpable dans les termes de la propofition.

Le droit imprefcriptible des uns à la vertu des autres, n'eft cependant pas dénué de fanction & de garantie. Celui qui feul peut dire ce qu'il eft, eft auffi le feul de qui relèvent tous les Souverains individuels ou collectifs, & nous portons tous au-dedans de nous un monument de fon exiftence & de fon pouvoir, & le gage affuré de l'ufage qu'il fera de fon pouvoir. Ce monument & ce gage, c'eft le fentiment & l'idée que nous avons de la juftice. La juftice, puifque nous en avons l'idée, eft réelle, & fuppofe un être dont elle foit l'attribut. Cette idée eft active, modifie les êtres intelligens, & produit en eux des obligations, puifqu'une telle propriété ne peut être féparée de l'idée que nous avons de la juftice; ces obligations n'aboutiront donc pas à l'unique effet de mettre la juftice en contradiction avec elle-même, puifqu'elle ne peut pas être réelle, & tout-à-la-fois abfurde ou contradictoire; le tems où la justice contrarie les intérêts & les affections du tems, où les devoirs & les obligations qu'elle impose, se violent impunément & souvent même avec profit, sera donc infailliblement suivi d'un autre tems.

« Dire que la Religion n'est pas un mo-
» tif réprimant, parce qu'elle ne réprime
» pas toujours, c'est dire, comme l'observe
» M. de Montesquieu, que les loix civiles
» ne sont pas un motif réprimant non plus ».

« Quand il seroit inutile que les sujets
» eussent une Religion, il ne le seroit donc
» pas, comme dit encore M. de Montef-
» quieu, que les Princes en eussent & qu'ils
» blanchissent d'écume le seul frein que ceux
» qui ne craignent pas les loix humaines,
» puissent avoir. Un Prince qui aime la
» Religion, & qui la craint, est un lion qui
» cede à la main qui le flatte, ou à la voix
» qui l'appaise. Celui qui craint la Religion
» & qui la hait, est comme les bêtes sau-

» vages, qui mordent la chaîne qui les em-
» pêche de fe jetter fur les paffans. Celui
» qui n'a point du tout de religion, eft
» cet animal terrible qui ne fent la liberté
» que lorfqu'il déchire & qu'il dévore ».

Que les Princes n'oublient donc pas que le refpect qu'ils témoignent pour la Religion, fert à raffurer contre l'abus qu'ils peuvent faire de leur pouvoir.

Déterminée pareillement par l'intérêt de ceux qui font gouvernés, la raifon fait auffi difparoître le prétendu droit imprefcriptible de provoquer des foulevemens contre toute conftitution qui n'a pas été réguliérement fubftituée à celle qui la précédoit.

Si chaque corps de fujets étoit un être indivifible comme un feul homme qui fe confulte, qui n'a qu'une volonté, qu'une dé-cifion, & qui fait fervir tous fes membres dans un parfait accord à l'exécution de fes defleins, chaque nation alors auroit le droit imprefcriptible de rejetter toute autorité, dont l'inftitution n'auroit point été régulière. Chaque nation auroit ce droit, lorfqu'il ne tourneroit pas à fa ruine; mais ce feroit avancer une abfurdité monftrueufe que d'attribuer à chaque nation un droit deftructif de toute nation.

Attribuer à chaque corps de peuple un droit imprefcriptible à la reftauration d'une conftitution anciennement dominante, c'eft proférer des mots vuides de fens, c'eft fortir de la nature, & fe jetter dans des fuppofitions chimériques, c'eft envifager chaque nation, comme un compofé d'hommes, toujours remplis des mêmes vues, toujours animés du même efprit, & fufceptibles de concevoir tout-à-coup le même deffein & de prendre foudain la même réfolution fans qu'il fe foit formé de complots, & fans qu'aucun manége, aucunes pratiques ayent préparé cet accord prodigieux; attribuer à chaque particulier dans chaque nation le droit imprefcriptible de tramer des complots & d'employer les intrigues, les fourdes pratiques, les difcours, les écrits & tous les moyens dont il s'avifera, pour effayer d'infpirer à toute une nation le défir de voir revivre une conftitution anciennement dominante, c'eft dévouer le genre humain à la plus horrible défolation, c'eft vouloir changer la face de la terre en un théâtre de carnage & d'anarchie.

Après leur confommation, les changemens dans la forme du Gouvernement d'un État, c'eft-à-dire, dans fes loix proprement conftitutives, ne font pas moins confacrés par l'intérêt général que les changemens dans les loix ou les ufages qui règlent la tranfmiffion du pouvoir. En France, fuivant le réfumé fait par M. de Montefquieu de cette partie de notre Hiftoire, le Royaume s'eft partagé dans la première race entre les enfans des Rois, & la Couronne étoit héréditaire; dans la feconde race, la Couronne fut unie au plus grand office, à l'office de Maire, & comme les Seigneurs nommoient à cet office,

Les changemens dans la forme du Gouvernement, & dans les ufages qui règlent la tranfmiffion du pouvoir, font également confacrés par l'intérêt général.

la Couronne unie à cet office devint en partie élective, & en partie héréditaire, parce que l'éligibilité fut concentrée dans la famille du Maire, devenu Roi. A l'avénement de la troisième race, la Couronne, unie au plus grand fief, est redevenue purement héréditaire, comme les fiefs l'étoient alors. Le droit de primogéniture, établi par rapport à la nature des fiefs, a lieu de même par rapport à la Couronne ; le fils de l'aîné des enfans du Roi défunt, exclut tous ses autres descendans. Et tous ces grands changemens se sont opérés d'eux-mêmes, sans avoir été préparés par la prévoyance, sans avoir été prédéterminés par aucunes loix : ils ont suivi le cours des idées reçues, des opinions répandues, des événemens survenus, & des intérêts liés tant aux événemens qu'aux opinions. En France donc, ceux qui s'étayeroient de la ténébreuse histoire des tems reculés, pour contester au Monarque la légitimité d'une partie de son pouvoir, feroient appréhender

qu'ils

qu'ils ne vouluſſent quelquefois, à l'aide des mêmes moyens, conteſter la légitimité de l'ordre uſité pour la ſucceſſion au Trône. L'uſage, ou la poſſeſſion, on ne ſçauroit trop le répéter, décide tout en ces matières, non par ſa propre vertu, mais parce que l'intérêt général lui donne caractère pour cela, parce qu'en un mot, la ſociété, les gouvernemens, les loix conſtitutives, & les loix politiques, qui règlent la tranſmiſſion du pouvoir, ne peuvent avoir d'autre but, que l'intérêt général, ou le plus grand intérêt de tous & de chacun.

SELON ces déciſions, pour trouver la ſolution de tous les problêmes politiques, il ne s'agit donc que de ſaiſir avec juſteſſe ce qui convient à l'intérêt général? Oui, ſans doute, & s'il ſe gliſſe quelque erreur dans l'application de cette régle, du moins la régle même n'aura pas été témérairement adoptée ou propoſée. Il n'a pas fallu craindre de ſe tromper, en avançant que le droit politique

Tout ſe décide en matière politique par l'intérêt général.

est entièrement dicté par l'intérêt général, en disant en un mot, le droit politique est tout ce que l'intérêt général veut & demande nécessairement & sans offenser la Justice.

Véritable idée qu'il faut attacher à ce nom, intérêt général. L'OCCASION s'étant déjà présentée de fixer, par une définition précise, la signification de ce terme, intérêt général, il n'en a point eu d'autre dans les précédentes décisions, il n'en a point d'autre dans tout ce Discours.

Observez à ce sujet que la définition qui donne une notion exacte de l'intérêt général, est encore un trait de lumière emprunté de M. de Montesquieu. Cette définition est la conséquence directe des réflexions profondes qu'il va faire entendre.

« Comme les hommes, dit-il, ont renoncé
» à leur indépendance naturelle pour vivre
» sous des loix politiques, ils ont renoncé
» à la communauté naturelle des biens pour
» vivre sous des loix civiles ».

« Ces premières loix leur acquierent la li-
» berté, les secondes la propriété. Il ne faut

» pas décider par les loix de la liberté qui,
» comme nous avons dit, eſt l'empire de la
» cité, ce qui ne doit être décidé que par
» les loix qui concernent la propriété. C'eſt
» un paralogiſme de dire que le bien parti-
» culier doit céder au bien public ; cela n'a
» lieu que dans les cas où il s'agit de l'empire
» de la cité, c'eſt-à-dire, de la liberté du
» citoyen ; cela n'a pas lieu dans ceux où il
» eſt queſtion de la propriété des biens, parce
» que le bien public eſt que chacun conſerve
» la propriété que lui donnent les loix ci-
» viles ».

« Poſons donc pour maxime, continue
» M. de Monteſquieu, que lorſqu'il s'agit
» du bien public, le bien public n'eſt pas
» que l'on prive un particulier de ſon bien,
» ou même qu'on en retranche la moindre
» partie par une loi, ou par un réglement
» politique. Dans ce cas il faut ſuivre à
» la rigueur la loi civile, qui eſt le palla-
» dium de la propriété ».

« Ainsi, lorsque le public a besoin du fonds
» d'un particulier, il ne faut jamais agir
» par la rigueur de la loi politique, mais
» c'est là que doit triompher la loi civile
» qui, avec des yeux de mere, regarde cha-
» que particulier comme toute la cité même ».

« Si le Magistrat politique veut faire quel-
» que édifice public, quelque nouveau che-
» min, il faut qu'il indemnise. Le public
» est, à cet égard, comme un particulier
» qui traite avec un particulier. C'est bien
» assez qu'il puisse contraindre un citoyen
» de lui vendre son héritage, & qu'il lui
» ôte ce grand privilége qu'il tient de la loi
» civile, de ne pouvoir être forcé d'aliéner
» son bien ».

« Dans le douzième siécle, du tems de
» Beaumanoir, on raccommodoit les grands
» chemins comme on fait aujourd'hui. Il
» dit que, quand un grand chemin ne pou-
» voit être rétabli, on en faisoit un autre
» le plus près de l'ancien qu'il étoit pos-

» fible, mais, qu'on dédommageoit les pro-
» priétaires, aux frais de ceux qui tiroient
» quelque avantage du chemin; on fe dé-
» terminoit pour lors par la loi civile, on
» s'eft déterminé de nos jours par la loi
» politique ».

« On verra le fond de toutes les queftions,
» dit enfin M. de Montefquieu, fi l'on ne
» confond point les régles qui dérivent de
» la propriété de la cité avec celles qui dé-
» rivent de la liberté de la cité ».

M. de Montefquieu, bien compris, engagera donc à diftinguer le bien public & le bien du grand nombre. Les entreprifes, fimplement utiles au public, font donc naturellement à la charge du public, & chaque citoyen ne doit être forcé d'y contribuer qu'en proportion de l'utilité qu'il en retire. Un citoyen, que l'on oblige de refferrer fa maifon pour l'élargiffement d'une rue, doit donc être dédommagé par le public, non-feulement de la perte de fon terrein, mais encore de l'excédent de valeur qu'un plus grand espace donnoit, ou le mettoit à portée de donner à sa maison. Ce citoyen payera sa part de son propre dédommagement en payant sa part des impositions qui forment les revenus publics. Les sacrifices, même nécessaires à la société, doivent être partagés quand ils peuvent l'être, & la rigueur de la loi politique n'a lieu qu'à défaut d'adoucissemens possibles. Le bien particulier, en un mot, ne doit céder au bien public, que dans les cas où il s'agit de l'empire de la cité, c'est-à-dire, de la liberté du citoyen, c'est-à-dire, de la conservation de l'ordre social qui prémunit chaque citoyen contre les attentats journaliers des forces particulières.

L'ordre social, ou l'empire de la cité, est donc, à parler humainement, le seul bien général dans tous les sens. C'est le bien général, parce qu'il est commun à tous. C'est le bien général de chacun, parce qu'il est l'unique moyen que chacun puisse avoir pour obtenir & pour conserver les autres biens; d'après quoi, dans la concurrence, celui-là doit l'emporter sur tout autre.

Il est donc un intérêt général de tous & de chacun, intérêt qui se rapporte au bien général, qui ne répond pas à chaque instant successif de l'existence actuelle de chacun, mais à tout l'ensemble de son existence possible; qui ne répond pas à chacune des positions où les passions de chacun peuvent le jetter, mais à toutes les positions, où la nature & la fortune, ou plutôt la providence, & son propre choix guidé par la justice, peuvent le placer. Ainsi, l'assassin convaincu, qui va subir le dernier supplice, a sans doute un intérêt actuel tout-à-fait contraire à son propre intérêt général, mais il a joui de la loi qui le condamne, elle ne se trouve armée contre lui que parce qu'elle s'est armée pour lui; son propre intérêt a demandé qu'elle protégeât les autres contre lui, pour qu'elle pût le protéger contre les autres.

En dernier analyse, l'intérêt général a donc pour objet final la conservation de l'État ; il se borne là ; s'il paroît demander l'agrandissement de l'État, c'est uniquement dans le rapport que son agrandissement peut avoir avec sa force & sa stabilité. L'État enfin, étant l'instrument nécessaire de la conservation de chacun de ses membres, qui peut douter que chacun n'ait le plus grand intérêt à la conservation de ce qu'il sçait être l'unique instrument de sa propre conservation ?

<small>Quand & comment notre raison particulière doit nous répondre de ce qui convient ou répugne à l'intérêt général ?</small>

CET éclaircissement au sujet de l'intérêt général répand un nouveau jour sur les décisions qui le précédent, & déjà donne un grand poids au principe de ses décisions. Seroit-il besoin de remarquer qu'après la formation de l'ordre social, la position est autre, qu'elle étoit, au moment de cette formation, & que les conséquences d'un principe varient, selon la différence des cas & des positions auxquels il s'applique ? A quel point faudroit-il vouloir choquer la raison, & se contredire soi-même, pour venir enseigner que, dans chaque État, l'ordre social étant en pleine vigueur, chacun doive sur tous les points juger par lui-même de ce qui peut être favorable ou contraire à l'intérêt général ? Si, dans l'intérieur de chaque État, chacun avoit ainsi la liberté de suivre pour guide son opinion particulière, sur tous les points sur lesquels l'évidence ne réunit pas les esprits, nul État ne pourroit subsister, & cette liberté seroit, par conséquent, ce qu'on pourroit imaginer de plus contraire à l'intérêt général. Parce que la vie sociale est de nécessité, comme d'obligation pour les hommes; parce que les régles de la justice & l'intérêt général de la société dont ils sont membres, doivent diriger leur conduite; parce que l'évidence ne leur montreroit pas à tous, sur tous les points, ce que la justice & l'intérêt général exigeroient d'eux; parce que la diversité d'opinions seroit la suite de ce défaut d'évidence, & parce qu'enfin le plus grand désordre seroit la suite de cette diversité d'opinions, il faut des loix qui dirigent les hommes, vivans en société, vers le but auquel ils doivent tendre; & les mêmes motifs qui font que les hommes, vivans en société, ne peuvent se passer de loix, font aussi qu'ils ne peuvent se passer d'un Législateur humain, autre que l'unanimité des suffrages de tous les membres de cette société. Du défaut d'évidence & de la diversité d'opinions qui s'en suivroit, sur une infinité de points sur lesquels l'accord & l'uniformité sont nécessaires, dérivent en même-tems & la nécessité des loix humaines, & la nécessité d'un Législateur, autre que l'unanimité des suffrages de tous les membres de l'État.

Mais aussi, parce que l'évidence ne nous éclaire pas sur tous points, s'en suit-il qu'elle ne nous éclaire sur aucun point ? Parce qu'il est vrai qu'en plusieurs circonstances, nous ne connoîtrions pas avec certitude ce que l'intérêt général exigeroit de nous, s'en suit-il que dans aucune circonstance nous ne pouvous connoître avec certitude, ce qu'il exige de nous ? Parce qu'enfin, plusieurs ont abusé de ces noms, évidence & vérité ; parce que plusieurs se sont mépris sur les caractéres de l'une & de l'autre, s'en suit-il qu'on doive absolument méconnoître toute évidence & toute vérité, & par conséquent tout droit & tout devoir ?

L'ordre social étant donc en pleine vigueur ; sur tous les points sur lesquels l'évidence ne luit pas, c'est au Législateur à déclarer ce qui peut être favorable ou contraire à l'intérêt général ; c'est alors au Législateur à déclarer, au nom de la justice & de la raison, les conséquences présumées de leurs régies primitives, & personne alors n'est en droit, ni de régler sa conduite suivant sa propre opinion, ni de chercher, dans cette vue, à démêler ce qui cadreroit le plus avec la justice & l'intérêt général ; mais, lorsque la raison nous indique avec une pleine évidence ce que la justice nous commande, ou, dans la formation de l'ordre social, lorsque la raison nous indique avec une pleine évidence ce que demandent de nous notre plus grand intérêt, & le plus grand intérêt de nos semblables; il faut dire que la raison alors nous indique avec la même évidence un véritable devoir, une véritable obligation, qui nous contraint de nous conformer à ce qu'elle nous représente, comme nous étant commandé par la justice, ou comme n'ayant rien d'injuste & nous étant commandé par le plus grand intérêt de nos semblables, joint au nôtre.

Il faut ajouter que la raison nous impose tous les devoirs qu'elle nous indique, qu'elle nous fait appercevoir, qu'elle nous fait juger tels. Elle nous impose de la sorte soit implicitement, soit explicitement, tous les devoirs dont nous sommes tenus; & même le devoir d'obéir à la raison. S'il est des devoirs qui ne nous sont point immédiatement imposés par elle, elle nous soumet, du moins, à l'autorité soit divine, soit humaine, qui nous les prescrit. Et, quand il est dit que la raison nous impose tous nos devoirs, en nous les révélant, sans doute on doit entendre que c'est l'auteur de notre raison, & le principe de sa lumière, ou Dieu lui-même, qui nous les révèle & nous les impose.

EN conséquence, si l'intérêt général a constamment exigé, qu'après une révolution consommée, après le rétablissement du calme civil dans un État, la possession récente & vicieuse dans son principe, soit d'un nouveau Gouvernement, soit d'un nouveau chef, fût respectée; si l'intérêt général a constamment exigé que nul ne se permît de travailler à troubler cette possession, non pas même par ses discours ou par ses écrits; si l'intérêt général a constamment exigé qu'on ne s'élevât contre cette possession que lorsqu'on n'étoit point arrêté par quelqu'engagement même forcé, lorsque dans le fait elle étoit troublée, que la guerre civile étoit rallumée, que le mal étoit fait, & qu'il ne restoit plus qu'à tenter

Conséquence de ce qui précede. Certitude des devoirs relatifs à la possession récente dans l'ordre politique.

de le tourner à bien ; en un mot, si la raison fait voir avec évidence que c'est là ce que l'intérêt général a constamment exigé dans le cas spécifié ; & si l'intérêt général en cela n'a rien exigé d'injuste, on ne peut nier qu'après une révolution consommée, après le rétablissement du calme civil dans un État, on a dû s'y juger astreint par un véritable devoir, par une véritable obligation morale, à respecter, non pour elle-même, mais pour l'intérêt général, la possession récente & vicieuse dans son principe, soit d'un nouveau Gouvernement, soit d'un nouveau chef.

<small>On peut contester les conditions attachées à la conséquence précédente.</small>

EN avouant la justesse de ce raisonnement conditionnel, pourra-t-on contester la réalité de la condition ? En avouant que la raison, & Dieu lui-même par le ministère de la raison, commandent ce que l'intérêt général exige, quand la raison l'indique avec une pleine évidence, & sans aucune réclamation, au nom & pour l'intérêt de la justice ; en avouant enfin un axiome aussi sensible, dira-t-on : il n'eſt pas évident que l'intérêt eſſentiel de tous les membres de chaque État ait demandé, qu'après le rétabliſſement du calme civil dans un État, la poſſeſſion de pluſieurs chefs, ou d'un ſeul, fût reſpectée, lorſqu'elle étoit récente & vicieuſe dans ſon principe? Si l'évidence manque à cet égard, le devoir, qu'elle ſervoit à former, ſe diſſipe & s'évanouit.

Ou bien, en tournant d'un autre côté, dira-t-on : la juſtice ne permettoit pas de laiſſer de ſacrilèges uſurpateurs jouir en paix du fruit de leurs crimes, & de leur honteux ſuccès, non épurés par le tems? Si cette réflexion eſt ſolide & vraie, l'intérêt général n'a pu fonder un devoir contraire à la juſtice.

Ces deux objections veulent être diſcutées ſéparément.

Quelle eſt d'abord la propriété de l'évidence? Sa propriété n'eſt-elle pas de faire ſur les eſprits une impreſſion invincible, & d'exciter au fond du cœur, de quiconque cherche à s'y refuſer, les reproches ſecrets de

Evidence du vœu de l'intérêt général par rapport à la poſſeſſion récente dans l'ordre politique.

sa raison & de sa conscience, reproches, dit le Père Mallebranche, dans lesquels se fait entendre la voix puissante du maître de la nature ? N'est-ce pas à la seule évidence qu'il appartient de subjuguer les volontés avec une force irrésistible ? Les volontés, est-il dit, car nos jugemens & les consentemens qui les forment, sont des actes de notre volonté, & comme l'explique le Père Mallebranche, quoique nos jugemens ne soient pas libres, quand ils sont appuyés sur l'évidence, ils n'en sont pas moins volontaires. N'est-ce pas enfin à la seule évidence, qu'appartient le pouvoir d'enlever le consentement ou l'assentiment intérieur, avec une telle violence, qu'elle ôte entièrement la liberté de se retrancher dans aucun doute, & de desirer une plus grande évidence ? Comment donc parviendroit-on à méconnoître l'évidence dans cette proposition ; l'intérêt général de chaque État, & par conséquent l'intérêt du genre humain, a constamment demandé qu'après le rétablisse-

ment

ment du calme civil dans un État, nul ne s'ingérât d'y troubler la possession d'un chef unique, ou de plusieurs, quoiqu'elle fût encore récente & vicieuse dans son principe. Si cette proposition n'est pas évidente par elle-même, ne le devient-elle pas, par sa liaison avec les propositions évidentes par elles-mêmes, dont elle est évidemment la conséquence ? Se sent-on la liberté de désirer une plus grande évidence que celle empreinte dans les propositions suivantes ? L'intérêt du genre humain a constamment demandé que les guerres civiles ne pussent pas naître, à l'infini, des guerres civiles : l'intérêt du genre humain a donc constamment demandé que, dans chaque État, il y eût un terme de droit aux dissentions civiles, &, qu'après ce terme, l'espoir de relever ce que des révolutions précédentes avoient renversé, ne pût autoriser personne à provoquer & susciter de nouvelles divisions : l'intérêt du genre humain a donc constamment demandé que ce terme fût fixe

& certain, qu'il fût le même pour tous les membres de chaque État, & qu'il ne dépendît pas du caprice ou du difcernement particulier de chacun d'eux. Quand les loix n'avoient donc ni fixé, ni pu fixer ce terme, il reftoit à faifir celui que défignoit la nature; l'époque de la réunion des diverfes parties de l'État, & le rétabliffement de la paix & de la concorde civile, lors même que la réunion étoit forcée, lors même qu'elle étoit opérée par l'odieux triomphe des ufurpateurs.

Que cette époque foit écartée, & que les loix n'ayent prefcrit aucun terme aux diffentions civiles, pour lors le terme qu'elles devront avoir dépendra des opinions particulières. Ce terme ne fera plus le même pour tous, &, par tout, les révolutions pourront engendrer, à l'infini, d'autres révolutions, jufqu'à l'entière deftruction de l'État. L'intérêt du genre humain a donc certainement demandé que, par tout, où les loix n'avoient prefcrit aucun terme aux diffentions civiles, on reconnût, pour le terme naturel du droit de les provoquer, l'époque de la réunion même forcée des diverses parties de l'État. Cette proposition enchaînée avec une première suite de propositions évidentes, le devient donc au point de ne pas laisser désirer une plus grande évidence.

Elle revient cependant encore, amenée par une autre suite de propositions également évidentes.

La guerre civile est évidemment un des plus grands fléaux dont l'humanité puisse être affligée. Elle fait verser des flots de sang humain ; entraîne des horreurs qui lui sont propres ; elle anéantit pendant toute sa durée l'ordre social, c'est-à-dire, l'unique instrument de la conservation de l'espèce humaine. Que pouvoit-on, cependant, se flatter d'obtenir par cette voie, après une première révolution ? On pouvoit se flatter d'obtenir que l'autorité qui n'avoit subsisté dans un État que pour la conservation de ses membres, y fut rétablie à la place d'une autre autorité qui subsistoit, & remplissoit la même destination. Si cet avantage alloit de pair avec la continuation du calme civil, & la suspension des meurtres, du moins le succès, qui devoit faire obtenir cet avantage, étoit incertain. On ne pouvoit donc pas, sans offenser l'intérêt général, sacrifier la possession présente d'un bien, tel que la paix intérieure & la suspension des meurtres, à l'espérance incertaine d'un avantage à peine égal à celui qu'on auroit sacrifié. Or, cette conséquence s'identifie absolument avec l'assertion dont l'évidence devoit être de plus en plus observée ; sçavoir que, dans tout État où les loix n'avoient prescrit aucun terme aux dissentions civiles, l'intérêt général vouloit qu'on reconnût pour le terme naturel du droit de les provoquer, l'époque de la réunion même forcée des diverses parties de l'État.

Comment même des loix positives auroient-elles pu, sans blesser l'intérêt général & sans paroître essentiellement vicieuses, assigner aux dissentions civiles un autre terme ?

Dans les guerres offensives, cependant, la jouissance actuelle de la paix & des avantages qui l'accompagnent, est sacrifiée à l'espérance incertaine des avantages qu'on cherche à se procurer par la guerre. Faut-il donc se persuader que le chef ou les chefs d'un État ne peuvent, sans choquer l'intérêt général de cet État, l'engager dans une guerre offensive ? Non, la prohibition de toute guerre offensive ne résulte pas de la maxime que, dans une parité d'avantages, le certain est préférable à l'incertain, & la conséquence seroit ici contraire au principe dont elle seroit déduite. Tant par rapport à l'intérêt de l'État qui fait l'attaque, que par rapport à l'État qui la reçoit, la justice n'autorise pas toutes les guerres offensives. Mais aussi, dans l'un comme dans l'autre rapport, les guerres offensives ne font pas toutes réprouvées par la justice. Quelles sont donc les guerres offensives qui ne sont

Objection contre le dernier raisonnement.

pas contraires à l'intérêt de l'État qui fait l'attaque & qui ne font pas injuftes fous ce rapport ? Ce font celles qui font entreprifes avec des vues purement défenfives, ou pour l'obtention du néceffaire phyfique. Alors, on expofe l'État pour le conferver; on l'expofe, par une judicieufe prévoyance, à de moindres dangers, ou pour prévenir & pour écarter un danger extrême que des motifs prefqu'infaillibles font appréhender, ou pour affurer l'indépendance de cet État. C'eft ce que M. de Montefquieu nous explique ainfi :

« La vie des États eft comme celle des
» hommes. Ceux-ci ont le droit de tuer dans
» le cas de la défenfe naturelle, ceux-là ont
» le droit de faire la guerre pour leur propre
» confervation. Dans le cas de la défenfe na-
» turelle, j'ai droit de tuer, parce que ma
» vie eft à moi, comme la vie de celui qui
» m'attaque eft à lui. De même un État fait
» la guerre, parce que fa confervation eft
» jufte comme toute autre confervation ».

« Entre les citoyens le droit de la défense
» naturelle n'emporte point avec lui la nécef-
» sité de l'attaque. Au lieu d'attaquer, ils
» n'ont qu'à recourir aux Tribunaux. Ils ne
» peuvent donc exercer le droit de cette dé-
» fense que dans les cas momentanés où l'on
» seroit perdu si l'on attendoit les secours des
» loix : mais, entre les sociétés, le droit de
» la défense entraîne quelquefois la nécessité
» d'attaquer ; lorsqu'un Prince voit qu'une
» plus longue paix mettroit un autre dans le
» cas de le détruire, & que l'attaque est,
» dans ce cas, le seul moyen d'empêcher
» cette destruction ».

« Il suit delà que les petites sociétés ont
» plus souvent le droit de faire la guerre,
» parce qu'elles sont plus souvent dans le cas
» d'être détruites ».

« Le droit de la guerre dérive donc de la
» nécessité & du juste rigide. Si ceux qui
» dirigent les conseils des Princes, ne s'en
» tiennent pas là, tout est perdu, & lorsqu'on

» se fondera sur des motifs arbitraires de
» gloire, de bienséance, d'utilité, des flots
» de sang inonderont la terre. Qu'on ne
» parle pas sur-tout de la gloire du Prince;
» sa gloire seroit son orgueil. C'est une pas-
» sion & non pas un droit légitime. Il est
» vrai que la réputation de sa puissance pour-
» roit augmenter les forces de son état; mais,
» la réputation de sa justice les augmenteroit
» tout de même ».

L'intérêt général ne se contredit-il pas lui-même touchant la possession récente dans l'ordre politique?

CE que, d'un côté, l'intérêt général a manifestement interdit, ne paroît-il pas aussi, d'un autre côté, l'avoir expressément commandé? L'intérêt qu'ont les hommes de prévenir & d'arrêter les crimes qui leur seroient nuisibles, est le fondement de leur droit de punir; or le maintien de l'ordre social est le plus grand bien de tous & de chacun, ils ont donc toujours eu le plus grand intérêt & le plus grand droit de poursuivre la punition des usurpateurs de l'autorité souveraine.

Rien n'étoit certainement plus juste que de

punir les usurpateurs de l'autorité souveraine, dans le tems que l'intérêt général le requéroit & le permettoit; mais, l'intérêt général n'a pas moins demandé que cette poursuite fût renfermée dans ses bornes naturelles. Il a clairement demandé qu'on distinguât les cas où cette tentative devoit commencer par arracher un État à la tranquillité qu'il avoit depuis peu recouvrée, & pouvoit finir par être autant infructueuse que funeste. L'intérêt général d'un État peut ici se comparer avec l'intérêt de chaque homme en particulier par rapport à sa vie naturelle. L'homme se sent pressé de chercher à se procurer la guérison des maux dont il est atteint; mais son propre intérêt s'oppose, à ce qu'il risque sa vie, dans une opération qui peut la lui ravir, & qui n'est pas nécessaire pour la lui conserver.

L'intérêt d'un État, comme l'intérêt propre d'un particulier, peut demander des choses qui soient incompatibles l'une avec l'autre; pour lors, il s'accorde avec lui-même, comme l'intérêt particulier, en déterminant à choisir entre les maux le moindre, entre les avantages le plus grand. Or, la prolongation indéfinie du terme auquel les guerres civiles auroient dû cesser, devoit nécessairement paroître plus pernicieuse & plus terrible que la nécessité de laisser quelquefois impunie l'usurpation de l'autorité souveraine ; sur-tout lorsque la prolongation indéfinie du terme auquel les guerres civiles auroient dû cesser, ne seroit pas enocre devenue un gage certain de la ruine & de la punition des usurpateurs.

Pourquoi le succès n'a-t-il pas toujours couronné la bonne cause ? Pourquoi n'est-il pas toujours aussi facile de réprimer & de punir les crimes publics, que de réprimer & de punir les crimes privés ? Stériles vœux ! Regrets superflus ! Les événemens & la nature des choses ne changent point au gré de nos plus justes desirs ; le pouvoir des hommes ne s'étend point aussi loin qu'ils ont la liberté d'étendre leurs vœux ; leurs efforts, toutes-

[139]

fois, doivent se mesurer, non sur l'étendue & la portée de leurs vœux les plus légitimes, mais sur celle de leur pouvoir.

Eh quoi ! le défaut de réflexion ne seroit-il pas encore notre unique excuse, si nous desirions en général que, dans le tems & sur la terre, le crime ne fût jamais heureux & la vertu jamais malheureuse ? Ce desir impuissant & non moins indiscret, seroit en opposition directe avec le système & le plan manifeste de l'Auteur de la nature, qui n'a pas fait l'homme pour le tems & pour la terre, qui ne l'a pas fait pour une vertu sans mérite comme sans effort, qui n'a pas voulu, par conséquent, que les crimes de l'homme lui fussent toujours ignominieux & nuisibles, & sa vertu toujours utile & glorieuse.

Il faut maintenant examiner si la justice répugnoit à ce que demandoit l'intérêt général après une usurpation consommée. L'immuable justice défendoit-elle en effet qu'on laissât de sacrilèges usurpateurs jouir en paix

Le vœu de l'intérêt général touchant la possession récente dans l'ordre politique, n'est-il point contredit par la justice.

du fruit d'un crime que le tems n'avoit pas encore couvert de ses ombres ?

L'usurpation étant constante, la considération du tems écoulé depuis le crime commis, n'en auroit pas diminué l'atrocité réelle. La considération du tems écoulé depuis le crime commis, n'auroit pu servir qu'à faire juger, s'il auroit été vraiment important ou non, d'en poursuivre la punition. S'il est donc vrai que la punition d'un pareil crime ne devoit être poursuivie, qu'autant qu'il importoit qu'elle le fût, on ne devoit pas tout sacrifier à la Justice de cette poursuite. La seconde objection prévue porte donc avec elle sa propre solution. Elle vient à l'appui des décisions qu'elle sembloit attaquer.

<small>Le droit qu'ont les hommes de punir les crimes, ne les suppose point autorisés à venger l'immuable Justice.</small>

Ce n'est pas assez d'avoir trouvé dans le sein de cette difficulté ce qui la résout. Il faut en détruire jusqu'au principe : si les hommes sont en droit de punir les crimes ; non, ce n'est pas que la Justice les constitue ses vengeurs ou les avoue pour tels. Voulant

être aimée d'eux pour elle même, elle leur demande, pour offrande, le sacrifice d'eux-mêmes, leur propre mérite & non le sang de ses ennemis. Elle ne les charge pas de ses intérêts; ce n'est pas par eux qu'elle peut avoir satisfaction des outrages qu'elle endure; en un mot, elle ne leur donne le droit de punir le crime qu'à deux titres, d'une part, à raison de l'obligation qu'elle leur impose de se prêter un secours mutuel, & d'autre part, à raison de l'intérêt mutuel qu'ils ont à la punition des crimes. « Ce qui fait que
» la mort d'un criminel est une chose licite,
» dit M. de Montesquieu, c'est que la loi
» qui le punit, a été faite en sa faveur. Un
» meurtrier, par exemple, a joui de la loi
» qui le condamne, elle lui a conservé la
» vie à tous les instants ».

Assurons-le donc, comme une maxime fondamentale, dans la punition des crimes, la Justice humaine ne peut & ne doit avoir en vue que de procurer aux hommes la répa-

ration des dommages qu'ils ont soufferts, ou de prévenir de semblables crimes que leur causeroit de nouveaux dommages. Par rapport aux crimes même qui bleſſent la Religion, la compétence de la Juſtice humaine n'a point encore d'autre principe, ni d'autre meſure, ni d'autre fin. « Les crimes qui
» troublent l'exercice de la Religion, dit
» M. de Monteſquieu, ſont de la nature
» de ceux qui choquent la tranquillité des
» citoyens, ou leur ſûreté, & doivent être
» renvoyés à ces claſſes. Mais, dans les ac-
» tions qui bleſſent la Divinité, là, ou il n'y
» a point d'action publique, il n'y a point
» de matière de crime. Tout s'y paſſe entre
» l'homme & Dieu, qui ſçait la meſure &
» le tems de ſes vengeances. Que ſi, con-
» fondant les choſes, on recherche auſſi le
» ſacrilège caché, on porte une inquiſition
» ſur un genre d'actions où elle n'eſt point
» néceſſaire. On détruit la liberté des ci-
» toyens, en armant contre eux le zèle des

» consciences timides & celui des consciences
» hardies ».

« Le mal est venu de cette idée, qu'il
» faut venger la Divinité, mais il faut faire
» honorer la Divinité & ne la venger jamais.
» En effet, si on se conduisoit par cette der-
» nière idée, qu'elle seroit la fin des sup-
» plices ? Si les loix des hommes ont à
» venger un Être infini, elles se régleront
» sur son infinité, & non pas sur les igno-
» rances, sur les caprices de la nature hu-
» maine ».

« Un Historien de Provence rapporte un
» fait qui nous peint très-bien ce que peut
» produire sur des esprits foibles cette idée de
» venger la Divinité. Un Juif, accusé d'avoir
» blasphémé contre la Sainte-Vierge, fut
» condamné à être écorché. Des Chevaliers,
» masqués, le couteau à la main, monterent
» sur l'échaffaud & en chasserent l'Exécuteur
» pour venger, eux-mêmes, l'honneur de
» la Sainte-Vierge.... Je ne veux point,

» ajoute M. de Montefquieu , prévenir les
» réflexions du lecteur.

Bien loin que les hommes foient obligés de venger l'immuable Juftice, ou la Divinité pour elle même , ils n'y font feulement pas autorifés. Il faut être auffi pur que la Juftice, il faut être la Juftice même, pour exercer fes vengeances. Auffi paroît-elle s'être expreffémens réfervé ce droit. C'eft a moi , dit-elle, qu'appartient la vengeance, proprement dite. *Mihi vindicta, dicit Dominus.* C'eft encore un des fens renfermés dans la réponfe de la fageffe incarnée aux accufateurs de la femme adultére. » Que celui , d'entre vous, » qui peut fe croire fans péché lui jette la » première pierre ».

Il feroit donc bien abfurde de prétendre, non feulement que la Juftice oblige les hommes de venger précifément la violation de fes régles , mais encore que cette obligation rigoureufe ne ceffe & ne s'éteint même pas quand elle devient deftructive de l'humanité.

Rien

Rien n'offense donc l'immuable justice plus griévement & plus directement que l'usurpation du pouvoir souverain ; l'immuable justice, néanmoins, ne permettoit pas que, précisément dans la vue de la venger, on poursuivît la punition de ceux qu'une telle usurpation rendoit si coupables envers elle. Elle ne permettoit d'en poursuivre la punition que dans la vue de satisfaire à l'intérêt général. Elle n'exigeoit donc pas, ou plutôt, elle ne permettoit pas qu'on étendît cette poursuite au-delà des bornes dans lesquelles l'intérêt général demandoit évidemment qu'elle fût renfermée.

Déjà donc, au sujet de la punition des usurpateurs de l'autorité souveraine, nous connoissons le vœu de l'immuable justice, considérée uniquement dans son rapport avec elle-même. En ne consultant que ce qu'elle demande pour elle-même, nous sommes forcés de reconnoître que, dans ce rapport, elle ne défendoit pas & commandoit au contraire, de laisser les sacriléges usurpateurs de l'autorité souveraine, jouir du fruit de leur crime, lorsque l'harmonie sociale étoit rétablie, & lorsqu'ainsi, nul ne pouvoit plus prévoir ni le terme ni le succès de toutes tentatives en faveur des anciens chefs de l'État & contre leurs injustes oppresseurs.

En obligeant tous les hommes de se faciliter mutuellement le recouvrement de leurs droits légitimes, la justice n'a point combattu le devoir que prescrivoit l'intérêt général, relativement à la possession récente, dans l'ordre politique,

CE que la Justice n'exigeoit pas, sous le point de vue sous lequel elle vient d'être envisagée, ne l'exige-t-elle pas sous un autre point de vue ? La Justice veut, comme cela vient d'être avoué, que, dans l'état de société sur-tout, les hommes se prêtent un mutuel secours, ou pour s'assurer mutuellement la possession & la jouissance de leurs droits légitimes, ou pour se faciliter mutuellement le recouvrement de ces mêmes droits. Dans tout état donc, où l'usurpation avoit récemment envahi le pouvoir souverain, lors même que la paix & l'ordre y regnoient, pouvoit-on, sans se roidir contre l'impulsion de la Justice, ne pas chercher & saisir tous les moyens de faire rentrer dans leurs droits ceux que l'ufurpation en avoit dépouillés.

Si la raifon & la Juftice obligent les hommes de fe faciliter mutuellement le recouvrement de leurs droits légitimes, cette obligation aufli, felon la raifon & la Juftice, a fes bornes & fa mefure. Nul n'eft tenu de hazarder fa vie & celle d'un grand nombre d'hommes, ou de rifquer la perte de leurs avantages les plus effentiels, & celle de tous les fiens propres, uniquement pour aider quelques-uns d'eux, ou chacun d'eux, à recouvrer des avantages qui ne leur étoient pas effentiels. Or la participation éventuelle à la fouveraineté, qu'avoit eu chaque citoyen d'une démocratie, ou chaque membre d'une ariftocratie, n'avoit pas même été pour eux un avantage réellement effentiel.

Les droits & les avantages de la fouveraineté n'ont jamais réfidé dans aucun Souverain, ou membres du Souverain pour fon utilité perfonnelle, mais pour l'utilité commune. C'étoit pour l'utilité commune & non pour la sienne propre que, dans une Démocratie, chaque citoyen avoit une participation éventuelle à l'exercice de la souveraineté, les droits & les avantages de la souveraineté, dans la personne des Souverains, individuels ou collectifs, ont toujours été proprement les droits de l'État. Nul n'a donc été tenu de s'appliquer à bouleverser un État pour essayer de restituer à de premiers possesseurs la jouissance de droits qui ne leur étoient pas personnels, & qu'ils avoient uniquement possédés comme droits de l'État.

Ainsi, suivant cette distinction, après le rétablissement de la paix & de la concorde civile dans un État, l'obligation où sont tous les hommes de se faciliter mutuellement le recouvrement de leurs droits légitimes, semble déjà, sous un premier point de vue, n'avoir eu nulle application aux droits d'un Souverain dépouillé par une usurpation récemment consommée. Du moins, auroit-il fallu, pour que cette obligation se fût étendue à ce genre de droits, qu'alors elle n'eût pas dû produire une progression de désastres & de guerres dont le terme & le succès auroient été d'une égale incertitude. Il auroit fallu que chaque citoyen eût dû se promettre, en toute assurance, un concours général ou presque général aux mêmes vues. Il auroit fallu qu'il n'eût pas dû présumer au contraire une funeste diversité de sentiments, d'intérêts & de volontés.

Il est vrai qu'on peut facilement se représenter des obligations qui soient communes à plusieurs, & dont chacun des co-obligés puisse s'acquitter séparément, sans inconvéniens. La réalité de ces sortes d'obligations, ne sera pas seulement affoiblie par le motif, que chacun des co-obligés pourra douter, si tous les autres s'uniffent à lui, pour remplir leur commun engagement. Mais il n'est pas ainsi d'une obligation dont les suites auroient été nécessairement affreuses, toutes les fois que tous les obligés, ou du moins presque tous, ne se seroient pas portés d'un parfait accord à l'accomplir. N'est-il pas évident que la certitude absolue de ce concours général, ou presque général, auroit été la condition nécessaire de l'existence d'une pareille obligation ? N'est-il pas évident, qu'à moins d'une telle condition, la raison ne pouvoit reconnoître une telle obligation, ou la former par sa reconnoissance & son aveu ?

<small>Pendant la durée du calme civil, dans un Etat, l'intérêt général suspendoit l'existence même des droits des Souverains injustement dépouillés.</small>

APRÈS le rétablissement de l'ordre social dans un État, non-seulement à l'égard des Souverains dépouillés, l'intérêt général apportoit, en faveur de leurs anciens sujets, une exception à l'obligation où sont tous les hommes de se faciliter mutuellement le recouvrement de leurs droits légitimes; non-seulement, en pareille circonstance, la nature des droits des Souverains dérangeoit déjà l'application de cette obligation ; l'intérêt général alors l'écartoit encore d'ailleurs d'une manière décisive & tranchante ; c'est-à-dire, qu'en pareille circonstance, l'intérêt général avoit la propriété de suspendre l'existence même des droits des anciens Souverains.

CECI préviendra tout ce qu'on auroit été tenté d'ajouter pour faire envisager la même obligation comme ayant été plus stricte dans les anciens sujets, à l'égard de leurs anciens Souverains. Les sujets & leurs Souverains, auroit-on dit, sont unis par les liens les plus sacrés, & ces liens ne subsistoient pas moins dans le droit, quoiqu'ils eussent été rompus dans le fait, par l'injustice & par la violence. Mais, lorsque la considération de l'intérêt général suspendoit l'existence même des droits des anciens Souverains, elle suspendoit également l'existence des devoirs qui correspondoient à ces droits, & qui les supposoient en pleine vigueur.

Premier motif de démontrer la précédente assertion.

Non, rien n'est plus constant ; après le rétablissement du calme civil dans un État, & pendant la durée de ce calme, l'ancien Souverain, individuel ou collectif, de cet État, n'avoit plus de droits qui fussent pour lors

K 4

actuels, sur la souveraineté, dont le plus criminel attentat l'avoit dépouillé. Ses prétentions, à cet égard, ne devoient pas, à cette époque, être appellées des droits, sur-tout lorsque aucunes loix positives n'avoient prorogé la durée de ces droits au-delà de cette époque. L'immuable justice, dès-lors, & la raison qui, pour ainsi dire, est le miroir où la justice nous est représentée, n'obligeoient plus les anciens sujets à risquer & sacrifier tout pour essayer de remettre l'ancien Souverain en possession de son ancien pouvoir.

Cette propriété, qu'avoit l'intérêt général de suspendre, pendant la durée du calme civil, en la personne individuelle ou collective d'un Souverain injustement dépouillé, l'existence même de ses anciens droits, est un point essentiel à démontrer & qui ne peut pas rester dans l'obscurité.

Seconde raison de démontrer la même assertion.

EN effet, l'esprit ne pourroit jamais admettre la co-existence de deux droits externes, (c'est-à-dire, capables de produire tous les effets extérieurs d'un droit), lorsque ces droits, prétendus co-exiſtans, auroient été tellement contradictoires, qu'ils auroient ſuppoſé, réciproquement, l'inexiſtence l'un de l'autre. Tels cependant auroient été le droit externe d'un Souverain injuſtement dépouillé, droit ſimplement externe, quoique ce dernier Souverain n'en eut acquis la poſſeſſion par aucun attentat perſonnel, & le droit également externe des uſurpateurs dont le triomphe odieux auroit rétabli le calme dans l'État. Après avoir atteſté la réalité de ce dernier droit externe, pendant la durée du calme civil, on ne peut ſe diſpenſer de prouver la ſuſpenſion, ou l'inexiſtence du premier pendant le même tems.

AUTRE motif, encore plus preſſant, pour inſiſter ſur ce point. Tant qu'il ne ſera point conſtant & démontré, que dans les circonſtances déſignées, l'intérêt général ſuſpendoit en la perſonne individuelle ou collective d'un Souverain dépouillé, l'exiſtence même de ſes anciens droits, le droit actuel de tout Sou-

<small>Troiſième motif plus déciſif de démontrer la même aſſertion, & première branche de ce motif.</small>

verain, droit si réel pourtant, & si solide, ne brillera jamais dans tout son jour, & dans tout son éclat. Il paroîtra, nécessairement, enveloppé de nuages, qui détermineront encore à le reporter sur une base postiche, sur laquelle il n'aura jamais une assiète inébranlable.

En premier lieu, quand on ne comprendra pas, que les droits des Souverains, ont cessé, quant aux effets extérieurs, d'être des droits, au terme, où cependant on n'a pu les pousser sans se noircir d'un crime énorme ; quand on ne concevra pas, qu'un droit externe ait pu s'unir à la possession récente, & vicieuse dans son principe, on ne concevra pas, non plus, que dans l'ordre politique, le droit puisse s'unir à la possession même la plus ancienne, à moins que cette possession ne soit appuyée d'un titre indubitable & supérieur à toute critique. Alors, en un mot, on sera forcé de croire qu'une personne particulière, un Sénat, & même un corps de peuple, ne peuvent exercer la puissance publique, avec un droit incontestable, à moins qu'il ne soit bien assuré, qu'aucune irrégularité ne s'est glissée dans l'institution de ces divers Souverains.

En second lieu, les principes qui veulent que les droits des Souverains, au terme, où cependant on n'a pu les pousser sans se noircir d'un crime énorme, ayent cessé, quant aux effets extérieurs, d'être des droits, sont aussi les seuls principes qui transformeroient en droit, & la possession des Souverains même qu'on supposeroit avoir acquis leur pouvoir par une voie pleinement régulière & la prétention de ces Souverains à la conservation de leur pouvoir. Jamais aucun autre principe ne revêtira les Souverains d'un droit réel & véritable, tel, en un mot que personne ne le puisse méconnoître, sans affecter un vain & faux pyrrhonisme, sans exciter au dedans de soi les murmures & les reproches secrets de sa raison. Ainsi, comme le

Seconde branche du même motif.

plus sûr moyen de se pénétrer d'un principe est, d'en approfondir les conséquences & d'en multiplier les applications, quand on aura vu, comment les droits de tous Souverains ont cessé, quant aux effets extérieurs, d'être des droits, au terme, où cependant ils ont été poussés par un crime énorme, on en comprendra mieux, comment la possession de la souveraineté se transforme en droit. Il est enfin également important d'être éclairé sur l'un, comme sur l'autre de ces points; suspension des droits des Souverains au terme indiqué, & transformation de l'exercice de leur pouvoir en droit, puisque ces deux points ont une telle connexité que la certitude de l'un fait la certitude de l'autre, & que les doutes sur l'un obscurcissent l'autre nécessairement.

Preuve de ce qui fait la première branche du troisième motif.

COMMENÇONS donc par nous débrouiller tout-à-fait, ce que chacun de nous entrevoit toujours, quoique obscurément, que l'institution d'un Souverain, individuel ou collectif, étant supposée vicieuse ou seulement nébuleuse, la transformation de son ancienne possession en un véritable droit ne sera jamais réelle, & certaine, si l'extinction, au moins momentanée, de ce droit, dans les circonstances désignées, n'est pas également réelle & certaine.

En effet qu'on ne consulte d'abord que l'intérêt & les régles de la Justice, sans les combiner avec l'intérêt du genre humain, on ne peut alors s'empêcher de reconnoître que dans le point de vue où nous sommes fixés, l'union du droit à la possession ancienne, & notoirement vicieuse dans son principe, & l'union du droit à la possession récente & pareillement vicieuse dans son principe, sont susceptibles des mêmes difficultés, difficultés qui, dans ce point de vue, ne doivent avoir ni plus ni moins d'effet contre l'une que contre l'autre union. Dès le moment qu'on envisage l'intérêt & les régles de la justice, abstraction faite de tout autre intérêt, la considération du tems

A ne consulter que l'intérêt de la justice, l'union du droit à la possession ancienne & notoirement vicieux, est susceptible des mêmes difficultés que l'union du droit à la possession récente & vicieuse.

écoulé depuis l'infraction de ces régles, tombe & demeure sans conséquence. Si la justice ne se bornoit pas à permettre simplement aux hommes d'essayer de réparer ou de prévenir le mal qu'ils se font les uns aux autres par l'infraction de ses régles ; si précisément elle les obligeoit à venger cette infraction ; après la plus ancienne usurpation du pouvoir souverain, ce ne seroit pas la considération du tems écoulé depuis cette griéve infraction des régles de la Justice, mais le repentir des coupables qui pourroit seul fléchir la justice & la désarmer ; & la présomption de leur repentir seroit absurde quand ils retiendroient les avantages qu'ils auroient acquis par la voie de l'usurpation.

De même encore, si vous détachez la considération des régles de la justice, de celle de l'intérêt du genre humain, suivant ces régles, isolées de la sorte par la pensée, après une ancienne usurpation, dont le tems n'a pas diminué la certitude, la considération de ce laps de tems ne peut altérer, par sa seule efficacité, les droits sur lesquels l'usurpation a prévalu, ni la justice des réclamations qu'elle occasionne.

Ainsi, dans un État où la Monarchie auroit pris la place de la Démocratie ou de l'Aristocratie, ou du Gouvernement mixte, après la plus ancienne usurpation, la justice, si nulle autre considération que l'ancienneté de l'usurpation ne l'en eut empêchée, auroit, pour ainsi dire, échauffé dans son sein, & conservé dans toute leur vigueur les droits du peuple ou des nobles injustement dépouillés. Et dans un État dont la constitution primitive auroit été Monarchique, après la plus ancienne usurpation sur une famille régnante, la justice auroit perpétué les droits de cette famille; la justice, encore, auroit également échauffé dans son sein & conservé, dans toute leur vigueur, les droits du peuple que la violence, & non son propre choix, auroit soumis à de nouveaux maîtres.

A ne confulter que l'intérêt & les régles de la juftice, quelque fut le Souverain muni d'une poffeffion ancienne, dont l'origine feroit incertaine, l'union du droit à cette poffeffion fouffriroit autant de difficultés que l'union du droit à la poffeffion récente & vicieufe dans fon principe.	EN cas d'incertitude fur l'origine de l'élévation foit d'une famille régnante, foit de plufieurs familles dominantes, fuivant les régles de la juftice, l'union du droit à la poffeffion de ces familles feroit pareillement inadmiffible, fi cette union ne paroiffoit juftifiée que par la confidération de l'ancienneté de cette poffeffion & de l'obfcurité répandue fur fon origine. Pourquoi ? parce que, dans le doute, il faudroit fuppofer à cette poffeffion une origine illégitime plutôt que légitime. Quand on eft réduit à des conjectures, c'eft d'après la vraifemblance qu'il faut les former, non pas contre la vraifemblance. Pourquoi, reprendrons nous encore ? par ce que les droits de l'indépendance & de la liberté font plus favorables en eux-mêmes, que ceux de l'empire & de l'autorité, quand il eft fait abftraction des avantages que l'autorité procure aux fujets & de l'intérêt qu'ils ont à ne point s'inquiéter de la manière dont les poffeffeurs de la fouveraineté l'ont acquife. Dès-lors qu'on

ne

ne juftifieroit l'union du droit à la poffeffion de la fouveraineté, que par la confidération de l'ancienneté de cette poffeffion & de l'obfcurité répandue fur fon origine, dans l'incertitude qui naîtroit de cette obfcurité, la Juftice feroit envifager les fujets, comme fe défendans d'une perte a laquelle il feroit incertain qu'ils euffent confenti, fçavoir de la perte de leur indépendance & du droit de conférer l'autorité fouveraine : la Juftice, en même tems, répréfenteroit les poffeffeurs de l'autorité fouveraine, comme prétendans retenir un bénéfice & des avantages dont la légitime acquifition feroit incertaine, & ne pourroit encore être fuppofée légitime avec quelque vraifemblance. Par conféquent, la Juftice décideroit contre les derniers, & l'union du droit à leur poffeffion ne pourroit avoir aucun fondement.

Dans le point de vue où nous fommes attachés, la conftitution Démocratique n'auroit pas encore eu, fur les autres conftitututions, plus d'avantage que dans tout autre point de vue. Suivant les règles de la Justice, séparées encore de la considération de l'intérêt du genre humain, une institution, ou notoirement opérée par le tumulte & la violence, ou seulement nébuleuse, auroit empêché l'union du droit à l'exercice de la souveraineté par un corps de peuple, comme à l'exercice de la souveraineté par un Sénat, ou par une personne individuelle. Et de même, dans le doute, il auroit fallu supposer à la Démocratie une institution irrégulière, plutôt que régulière. Quand on se voit réduit à des conjectures, il faut suivre, & non pas contrarier, la vraisemblance. En cas d'incertitude sur la pureté d'origine d'une Démocratie, il auroit donc fallu, d'après les plus favorables conjectures, la supposer établie par les subtiles manœuvres de quelques-uns, par leur adresse à déguiser leurs vues intéressées, & par le concours impétueux, mais aveugle de tous les autres. C'est ainsi qu'à Rome, le peuple parvint enfin, pour son malheur, à s'approprier toute l'autorité. Mais, dans ses diverses attaques, contre le Sénat, il ne fut que l'instrument passif des passions de ses Tribuns. Ceux-ci, qui n'étoient animés que par l'ambition, concevoient bien, que le peuple auroit l'ombre du pouvoir, & qu'ils en auroient la réalité. Et, pour arriver à leurs fins, ils furent assurément bien peu scrupuleux dans le choix des moyens. Ce fut à la suite & par l'effet d'une révolution que Solon fonda, dans Athènes, une Démocratie si chancelante, toutes fois, que Pisistrate la renversa deux ans après, par les mains du peuple même, & sous les yeux du Fondateur. En un mot, pour ne pas multiplier les exemples, quoique l'histoire ne nous éclaire pas parfaitement sur l'origine de toutes les Démocraties, elle en écarte du moins toute apparence d'institution régulière : &, certainement, il convient de se diriger, dans ses conjectures, par les foibles lueurs que l'histoire produit, plutôt que de raisonner & de conjecturer à l'aventure, & sans aucune espèce de régle, sur-tout lorsque l'histoire induit à conjecturer ce que la raison & la nature des choses feroient imaginer. En cas d'incertitude sur la pureté d'origine d'une Démocratie, il auroit donc été raisonnable, à tous égards, d'en supposer l'institution irréguliére, plutôt que réguliére, & , dans une pareille incertitude, de même qu'après une institution notoirement vicieuse, ou bien encore, après l'extinction d'une famille, dépossédée par l'établissement de la Démocratie, suivant la Justice, séparée de la considération de l'intérêt public, tous ceux qui, semblables à Socrate, Platon, Xénophon, Aristide, Phocion, n'auroient porté qu'un jugement sinistre de cette forme de Gouvernement, auroient eu droit de provoquer un changement de constitution, & de se préparer à repousser, par la force, les dangers qu'une pareille tentative leur auroit fait appréhender.

Vainement, la conſtitution démocratique paroît-elle rendre chaque citoyen également ſujet & membre éventuel du Souverain. Ce n'eſt là, comme il eſt dit ci-deſſus, qu'une fauſſe apparence. Dans cette conſtitution, les véritables Souverains, quoique ſans titre & ſans pompe extérieure, ſont ceux qui réuſſiſſent à s'emparer de la confiance d'un peuple aveugle, ſuſceptible de paſſion, non de raiſon, & le perpétuel jouet de ſes orateurs. Ainſi, le caractère ſpécial de la conſtitution Démocratique n'auroit pas été propre à faire diſparoître les vices connus, ou juſtement préſumés de l'inſtitution d'une pareille forme de Gouvernement.

Il eſt donc déja bien conſtant, que, ſuivant les régles de la Juſtice ſéparées de la conſidération de l'intérêt public, l'union du droit à la poſſeſſion du pouvoir ſouverain, ſouffre autant de difficultés, ſoit qu'il s'agiſſe d'une poſſeſſion récente & vicieuſe dans ſon principe, ſoit qu'il s'agiſſe d'une poſſeſſion an-

[166]

cienne, mais dont l'origine soit suspecte ou notoirement vicieuse.

A ne consulter que l'intérêt du genre humain, il est visible qu'il seroit très-désavantageux que, dans l'ordre politique, le droit ne pût s'unir qu'à la possession ancienne, au lieu de s'unir à la possession récente & à la possession ancienne.

Pour sonder à présent sur le même point, l'intérêt du genre humain, il faut continuer de prendre pour uniques sujets de comparaison les deux mêmes natures de possession du pouvoir souverain; l'une récente & vicieuse dans son principe, l'autre ancienne, mais aussi notoirement vicieuse dans son principe, ou, du moins, justement présumée telle. Il faut ensuite examiner, ce qui produira le plus d'avantages & le moins d'inconvéniens, ou, que le point s'unisse à l'une comme à l'autre possession, ou qu'il s'unisse seulement à la dernière. Or l'union du droit à ces deux natures de possession, renferme évidemment tous les avantages de l'union du droit à l'une des deux seulement. Quant aux inconvéniens à craindre de l'union du droit à l'une comme à l'autre possession, ils sont infiniment moindres que ceux de l'union du droit à la seule possession affermie par un laps de tems indéterminé.

L'union du droit à la possession de la souveraineté, dès le moment de la paisible existence de cette possession, fait renoncer dès ce moment à poursuivre la punition des usurpateurs, c'est-à-dire qu'elle prescrit un terme fixe à des tentatives qui pourroient être aussi vaines que funestes. Cela même, comme on le verra bientôt, est propre à déconcerter l'usurpation, jusqu'à présent enhardie & favorisée par le préjugé contraire, préjugé vague & confus, qui, ne joignant le droit à la possession de la souveraineté qu'après un tems indéterminé, jette la plus épaisse obscurité sur la formation même & l'existence d'un droit dans les Souverains, & rend ainsi l'usurpation moins odieuse, & se prête enfin à tous ses déguisemens.

D'ailleurs l'union du droit à la seule possession longue & paisible du pouvoir souverain, consacre aussi les usurpateurs, & les effets de l'ufurpation. L'époque où cette confécration intervient, eſt plus reculée, foit, mais elle eſt en même tems incertaine. Delà réſulte l'inconvénient le plus affreux. Dans l'ordre politique, l'union du droit à la ſeule poſſeſſion conſolidée par un long calme, a l'inconvénient extrême d'attendre cette conſolidation, pour être opérée. Elle a l'inconvénient extrême d'être contingente, de dépendre d'une préparation incertaine, de ne preſcrire aux diſſenſions civiles qu'un terme qui peut n'arriver jamais. En un mot, étant éventuelle, elle a l'inconvénient extrême d'abandonner au haſard le ſalut de chaque nation, contre la maxime fondamentale : *le ſalut du peuple eſt la ſuprême loi.*

Avant donc que la poſſeſſion du pouvoir ſouverain ait été conſolidée par un long calme, l'union du droit à la poſſeſſion de ce pouvoir, à la ſuite ſeulement d'un laps de tems indéterminé, paroît néceſſairement ſujette à de plus grands inconvéniens, que l'union du droit à la possession du même pouvoir dès le moment de la paisible existence de cette possession. Voici pour lors, le raisonnement qui se présente.

Lorsque la possession du pouvoir souverain est réellement consolidée, par un long calme, pour que la considération de l'intérêt du genre humain fasse juger alors que le droit s'unit à cette possession, il faut qu'avant sa consolidation, le même motif ait dû faire juger pareillement, que le droit s'uniroit à cette possession, lorsqu'elle seroit ainsi consolidée par un long calme. S'il ne falloit pas juger de la sorte avant la consolidation, on ne doit pas non plus juger de la sorte après la consolidation : les rapports de droit ou de justice sont, dans leur possibilité, les mêmes que dans leur existence, ou leur application positive. Comme la nature des choses est la même dans l'idée qui les représente, & dans leur existence de moment à moment; comme il n'étoit pas nécessaire qu'aucun cercle eût été tracé, pour que tous les rayons fussent égaux.

Mais, si la considération de l'intérêt du genre humain n'a pas suffi pour fonder l'union du droit à toute possession paisible du souverain pouvoir, comment donc, avant que la possession de ce pouvoir ait été consolidée par un long calme, comment la considération de l'intérêt du genre humain aura-t-elle dû faire juger d'avance, qu'à la suite d'un long calme, le droit s'uniroit à cette possession ? dès-lors aussi, comment, après le plus long calme, la considération de l'intérêt du genre humain fera-t-elle juger que la possession du souverain pouvoir soit purgée de tout vice antérieur, & qu'elle soit investie d'un véritable droit ?

Si la considération de l'intérêt du genre humain avoit donc été impuissante pour fonder dans l'ordre politique l'union du droit à la possession récente & vicieuse, cette considération paroîtroit de même impuissante pour va-

C'est-à-dire, en général, comment la considération de l'intérêt du genre humain, étant plus foible & moins pressante, aura-t-elle pu lever des difficultés qu'étant plus pressante & plus forte, elle n'aura pu lever ? Comment, étant plus foible, & moins pressante, se fera-t-elle fait avouer de la Justice même, pour exception à quelques-unes des régles de la

Justice, lorſqu'étant plus preſſante, & plus forte, elle n'aura pas ſervi d'exception à ces mêmes régles ? comment, en un mot, aura-t-elle dû paroître plus déciſive quand elle l'étoit moins, & moins déciſive quand elle l'étoit plus ?

<small>lider la poſſeſſion ancienne, & notoirement ou probablement vicieuſe dans ſon origine.</small>

Ainſi, de nouveau, dans les termes de la propoſition à démontrer, lorſqu'on ne comprendra pas que les droits des Souverains ont ceſſé, quant aux effets extérieurs, d'être des droits, au terme où cependant on n'a pu les pouſſer ſans ſe noircir d'un crime énorme, quand on ne concevra pas que, dans l'ordre politique, un droit externe ait pu s'unir à la poſſeſſion récente, & vicieuſe dans ſon principe, on ne concevra pas non plus, que, dans l'ordre politique, le droit puiſſe s'unir à la poſſeſſion même la plus ancienne, à moins que cette poſſeſſion ne ſoit appuyée d'un titre indubitable & ſupérieur à toute critique.

Au contraire, ſi la conſidération de l'intérêt public, avant que la poſſeſſion du pouvoir souverain ait été consolidée par un long calme, a dû faire juger que le droit s'unissoit à cette possession, pendant la durée du calme, il est évident que, d'après la même considération, une longue & paisible possession du pouvoir souverain doit être jugée revêtue du plus saint & du plus inviolable droit.

<small>Preuve de la seconde branche du troisième motif qui force de démontrer l'extinction momentanée du droit des Souverains dans les circonstances désignées.</small>

L'ÉCLAIRCISSEMENT de ce point n'est qu'une partie de l'avantage qu'il s'agit d'obtenir en insistant sur l'extinction momentanée du droit des Souverains dans les circonstances désignées. Il s'agit de faire briller dans tout son jour l'union du droit à l'exercice de la Souveraineté. Il faut parvenir à dissiper tous les nuages, qui l'ont enveloppée, jusqu'à présent. Pour cet effet, la formation du droit des Souverains, même après une institution supposée régulière, & l'extinction momentanée de ce droit, au terme indiqué, étant deux conséquences du même principe, il faut expliquer nettement ce

<small>La formation du droit des Souverains & l'extinction de ce droit, en certains cas, dérivent du même principe.</small>

principe, en développer les conséquences & ne pas dissimuler l'une, de peur d'atténuer & de rendre équivoque la vertu, qu'il a seul, de produire l'autre.

Le premier soin doit être de fixer la signification précise du mot Droit, ce qui demande que les différentes acceptions données à ce terme soient analysées. L'idée qui leur est commune, est l'idée générale, exprimée par le mot Droit. Le hasard & la fantaisie n'ont point occasionné ces différentes acceptions d'un même terme. Il se trouve donc à rechercher une idée générale à laquelle toutes ces acceptions répondent. Il doit se découvrir un principe qui les autorise, en produisant toutes les conséquences, que ces différentes acceptions d'un même terme, y supposent attachées.

Exacte signification du mot Droit; il exprime toujours un rapport de convenance avec la justice.

Ainsi se représentera de nouveau le principe originaire de tout droit, quelle que soit l'acception que ce mot ait reçue; ainsi va reparoître un principe souvent invoqué dans ce discours, & dont l'évidence déjà remarquée

& sentie, pourra seulement devenir plus remarquable & plus sensible encore.

Dans l'usage, le mot Droit se prend tantôt pour faculté, tantôt pour régle, ainsi les loix sont souvent appellées, le Droit. On dit aussi des personnes, qu'elles ont ou qu'elles acquiérent des droits. Les facultés dont il est permis d'user, les prétentions qu'il est permis d'avoir, enfin les actions qu'il est permis de faire, ou d'exiger des autres, sont également appellées des Droits.

Lorsque ce mot désigne des régles ou des loix, il fait entendre qu'elles doivent servir à nous diriger, & dans cette acception, lorsque ce mot est isolé, comme quand on dit, le Droit en général, il prend une signification générique, & désigne tout le corps ou tout l'ensemble des idées & des maximes, d'après lesquelles nous devons nous conduire, dans tous les divers états & les diverses positions où nous pouvons nous trouver.

Souvent aussi le mot Droit, employé pour

désigner des régles ou des loix, prend une signification spécifique. Alors la signification générique de ce mot, est restreinte par un autre mot auquel on le joint, & qui le détermine à désigner une espèce particulière d'idées ou de maximes d'après lesquelles nous devons nous conduire dans certains états & dans certaines positions. Comme quand on dit, le Droit politique, le Droit civil, le Droit des gens.

Le même terme s'appliquant tant aux prétentions qu'aux facultés, fait entendre que l'usage des facultés & l'exercice des prétentions décorées de ce nom, sont justes & licites & ne doivent éprouver aucune résistance.

Pareillement appliqué, tant aux prétentions qu'aux facultés, il est encore employé dans une signification spécifique. Sa signification générique est aussi restreinte alors par un autre mot auquel on le joint, qui le détermine à désigner une espèce particulière d'actions que de certaines personnes peuvent faire justement, ou qu'elles peuvent exiger de la part d'autres personnes. On dit, en ce sens, les droits paternels, le droit de l'offensé, le droit du vendeur ou de l'acheteur, le droit du propriétaire ou du locataire, le droit du Seigneur ou du vassal.

Dans les divers applications qui se font du mot, Droit, il est donc toujours l'expression d'une même idée ou d'un même rapport. Il annonce toujours un rapport de convenance avec la justice, soit dans certains usages de nos facultés, soit dans l'exercice de certaines prétentions, soit dans les maximes qu'il sert à dénommer.

Et comme il n'est que l'expression de ce rapport, cela fait précisément attribuer à tout ce qui porte le nom de Droit, les diverses conséquences qui dérivent du rapport que ce mot exprime; conséquences dans lesquelles on découvre un nouveau rapport de convenance avec la justice.

C'est-à-dire,

C'est-à-dire, en un mot, le rapport de convenance avec la justice dirige les personnes par les idées qui le renferment & les autorise, ou les oblige à suivre cette direction. Quant aux actions qui sont liées à la justice par ce rapport, ce même rapport fait qu'elles sont licites, ou d'obligation, & rend criminelle la seule volonté d'y mettre obstacle.

Telles sont les conséquences qui dérivent du rapport de convenance avec la justice, soit dans les idées, soit dans les actions, conséquences qui dérivent uniquement de ce rapport & dans lesquelles se découvre évidemment un nouveau rapport de convenance avec la justice, puisqu'enfin cette dernière énonciation revient à celle-ci, l'idée de la justice renferme l'idée d'une obligation de s'y conformer, qu'elle impose à tout être qui la connoît.

Parce qu'on ne peut pas changer la nature des choses, comme on peut changer la signification des termes, si l'acception du mot Droit étoit changée, s'il n'exprimoit plus

Tom. II. M

un rapport de convenance avec la Juſtice ; ſoit dans certaines idées, ſoit dans certaines actions, les conſéquences qu'on attache à ce mot n'y devroient plus être attachées, tandis qu'au contraire, & dans les idées, & dans les actions qui ſont liées à la Juſtice par un rapport de convenance, ce rapport, par quelque terme qu'il fût déſigné, produiroit toujours les mêmes effets ou les mêmes conſéquences ; & le nouveau ſon qu'on ſubſtitueroit au mot Droit, pour exprimer ce rapport, devroit auſſi-tôt rappeller l'idée des conſéquences que ce rapport produit néceſſairement.

De ce qu'on donne le nom de Droit, à diverſes collections d'idées intellectuelles, il ne ſuit pas que nous devons régler notre conduite d'après ces idées, mais au contraire on les appelle de ce nom, parce qu'en vertu du rapport de convenance avec la Juſtice inhérent à ces idées, elles doivent ſervir à nous diriger. De même, que diverſes facultés, divers avantages & diverſes prétentions ſoient appellées des Droits, ce n'est pas là ce qui fait que nous sommes autorisés à faire usage de ces facultés, à faire valoir ces prétentions, à jouir de ces avantages, mais au contraire toutes ces choses sont appellées des Droits, parce qu'en vertu du rapport de convenance avec la Justice inhérent à ces prétentions, à ces facultés, à ces avantages, nous en devons avoir la libre jouissance, ou le libre exercice.

Tout ce détail a pour objet de faire sentir que les raisonnemens qui précédent ce détail & qui le suivent, ne portent pas sur des mots, mais sur la nature des choses, & qu'ainsi leur solidité ne sçauroit être ébranlée.

L'idée attachée au mot Droit, dans toutes ses acceptions, est donc l'idée d'un rapport de convenance avec la Justice, & ce rapport seul produit toutes les conséquences qu'on attache au mot qui l'exprime.

Mais, n'est-ce pas la raison qui produit pour nous, en nous les découvrant, soit implicitement soit explicitement, tous les rapports de convenance & tous les rapports d'opposition avec la Justice ? La raison n'est-elle pas pour nous la seule cause démonstrative de tous ces rapports ? elle est donc aussi pour nous la seule cause démonstrative de toute espèce de droit.

La raison est pour nous la cause démonstrative de tous les rapports de convenance avec la justice, & par conséquent de tout droit.

LA raison n'est pas la cause qui fait exister en eux-mêmes les rapports de convenance avec la justice, car il faut avouer des rapports d'équité antérieurs à tous les êtres intelligens autres que l'Être existant par lui-même. Mais la raison est pour nous la cause démonstrative de tous les rapports de convenance avec la justice, parce qu'elle seule fait qu'ils existent pour nous par la connoissance qu'elle nous en donne. S'ils nous étoient inconnus, & si nous n'avions aucun moyen de les connoître, ils seroient pour nous comme s'ils n'étoient pas.

Puisque le mot, Droit, désigne donc toujours un rapport de convenance avec la justice, & puisque les rapports de convenance avec la justice n'existent pour nous que par la raison qui nous les dévoile, il s'ensuit que la raison est le principe, non pas de l'existence absolue de tous les droits, mais de leur existence à notre égard.

De plus, parce que tout droit, ou tout rapport de convenance avec la justice, n'existe pour nous que par la raison qui nous en donne la connoissance, nous devons regarder avec une entière confiance comme un véritable droit tout ce que la raison ne peut s'empêcher d'envisager comme tel. Autrement nous accuserions l'Auteur de notre être de vouloir nous tromper.

Tout ce que Dieu ne nous a pas expressément révélé, comment le pouvons-nous connoître ? c'est uniquement par les lumières de la raison. C'est encore par la lumière de la raison que nous découvrons une nouvelle source de lumière dans la révélation. C'est la raison qui nous soumet à la raison. C'est

L'évidente assertion de la raison est le témoignage de Dieu même.

la raison qui nous soumet à l'Auteur de la raison, dont elle nous apprend elle-même qu'elle est l'organe. C'est la raison qui nous soumet aux régles de la justice qu'elle nous enseigne. C'est la raison qui nous dévoile & par là nous impose, soit explicitement, soit implicitement, tous les devoirs & toutes les obligations dont nous sommes tenus ; c'est la raison aussi qui nous dévoile, soit implicitement soit explicitement, & le droit que nous devons suivre & les droits dont nous pouvons jouir. Qant au droit que nous devons suivre, elle le forme pour nous, & le rend tel, en nous le faisant appercevoir, en nous le faisant juger tel, en l'approuvant comme tel; & quant aux droits dont nous pouvons jouir, la raison les forme & nous les confere en nous les faisant appercevoir, en nous les faisant juger tels, en les approuvant comme tels. Quand enfin, il est dit que la raison forme pour nous tous les droits dont nous pouvons jouir, & le droit que nous devons suivre, sans doute on doit entendre que c'est Dieu lui-même. L'Auteur de notre raison, & le principe de sa lumière qui nous révele & nous confere tous les droits dont nous pouvons jouir, comme il nous révele encore & nous impose toutes les obligations dont nous sommes tenus. La cause démonstrative de tous droits est ainsi l'organe de leur cause efficiente.

En un mot, le Droit est une qualité morale ; une modification que l'approbation de la raison imprime aux objets de cette approbation, & l'approbation de la raison est l'approbation de Dieu même.

CETTE explication de l'origine & de la nature du droit s'adapte parfaitement à nos expressions les plus familières, à nos formules les plus usitées. Pourquoi, dit-on, qu'on acquiert des droits par la voie des contrats ? Pourquoi les facultés que deux contractans consentent de se donner, l'un à l'autre, deviennent-elles des droits? C'est parce que la raison, ou l'Auteur de la raison, nous

L'assertion de la raison est la cause démonstrative & la mesure des obligations qui résultent de nos consentemens.

découvre un rapport de convenance avec la justice dans l'exécution des engagemens, dont elle n'a pas condamné l'objet, & que nous avons formés par un consentement libre & tout-à-la-fois éclairé, ou du moins de nature à devoir être jugé tel. Après un consentement pareil, il est juste, disons-nous, que chacun exécute ses engagemens. Que veulent dire ces mots : il est juste ? Ne sont-ils pas l'équivalent de ceux ci ; la raison affirme au dedans de nous qu'il est juste que nous exécutions toutes les promesses que nous avons faites & que nous avons pu faire sans offenser la raison ?

S'il est donc vrai, qu'un consentement valable à quelqu'engagement est la cause immédiate & nécessaire de l'obligation où l'on est d'accomplir cet engagement volontairement contracté, la cause démonstrative de cette obligation est toujours la raison même, ou plutôt l'Auteur de la raison.

Non-seulement l'assertion de la raison est

la cause démonstrative de l'obligation, produite par un consentement valable; elle est encore la mesure de la force morale & de la vertu productive, inhérente à nos consentemens. Elle régle ce qui peut faire la matière de nos engagemens, ce qui peut devenir pour nous l'objet d'un consentement valable; il est injuste, dit-on vulgairement, d'exécuter une promesse injuste. Ces termes ne sont-ils pas l'équivalent de ceux-ci, la raison désaprouve & de suite interdit l'exécution d'une promesse dont elle blâmoit & condamnoit l'objet ?

A supposer donc l'impossible, c'est-à-dire, à supposer qu'un Souverain, individuel ou collectif, eût acquis son pouvoir par un acte formel & digne du nom de contrat; alors même, non-seulement l'assertion de la raison seroit l'unique cause démonstrative du droit acquis par un tel contrat; mais de plus, ce contrat seroit de surérogation, & n'auroit aucune part à la production du droit de sou-

Le contrat par lequel un Souverain auroit acquis son pouvoir seroit de surérogation pour la production de son droit.

veraineté, & des obligations qui regarderoient ou le fond du droit ou ces modifications. Ces obligations feroient réelles, mais elles naîtroient immédiatement de l'affertion de la raifon. Ce contrat feroit appuyé fur un confentement qui devroit toute fa vertu, non pas à la libre volonté de ceux qui l'auroient donné, mais aux puiffans motifs qui le leur auroient fait donner. Ce confentement ne lieroit pas les contractans, comme ayant été libre, & tel qu'il eft defiré dans les contrats, mais comme ayant été forcé par l'évidente décifion de la raifon, relativement au fond du droit de fouveraineté, & par fa décifion la plus probable, relativement aux modifications du même droit, c'eft-à-dire, par rapport au choix d'une forme de Gouvernement. Sans ces motifs, ce confentement feroit nul par rapport à la nature de l'objet qu'il auroit compromis.

L'homme, créature intelligente, n'eft pas totalement maître de lui-même, fa liberté naturelle ne fait pas partie de fon domaine libre, & n'est pas du nombre des objets dont il peut disposer arbitrairement. La nature & la raison ne lui permettent, ou plutôt ne lui commandent, de sacrifier une partie de sa liberté, que pour la conservation de sa liberté même & de sa vie. Après un contrat formel, entre une nation & ses chefs, ou même entre tous les particuliers d'une nation, considérés comme sujets, & ces mêmes particuliers, considérés comme membres éventuels du Souverain ; toute vertu du consentement éclairé & libre des sujets & du Souverain, ou de tous les membres de l'État, considérés sous un noble rapport, & tout droit & tout devoir relatifs au contrat formé par ce consentement résulteroient donc immédiatement de la seule assertion de la raison, tout de même que s'il n'existoit aucune apparence de contrat. En pareil cas, comme en toute autre formation du droit de souveraineté, l'assertion de la raison ne seroit pas seulement la cause démonstrative du droit & des devoirs correspondans à ce droit, elle en feroit immédiatement la caufe efficiente, de même que le confentement eft immédiatement la caufe efficiente des droits & des obligations que les contrats font capables de produire.

Comment donc feroit-il poffible que le droit des Souverains fe fût jamais étendu par-delà la mefure, & le terme évidemment fixés par l'affertion de la raifon ?

La raifon ne produit donc pas les droits des Souverains par l'entremife d'un contrat, puifqu'elle ne les produiroit pas, par cette voie, chez une nation même, ou l'acte d'inftitution, du Souverain individuel, ou collectif, auroit toutes les qualités requifes pour un contrat.

La raifon encore ne produit pas les droits des Souverains, par l'entremife d'un contrat, puifqu'il faut fuppofer l'impoffible, pour fuppofer une inftitution de gouvernement originairement agréée de tous les membres de l'État avec pleine connoiffance de caufe & pleine liberté.

Que si ce consentement, par des motifs supérieurs, doit être réputé doué de toutes les qualités requises; ces motifs, puisés dans la raison, & dans la nature des choses, mais étrangers à l'efficacité naturelle des consentemens, valideront seuls le contrat dont ils auront validé la cause ou le principe. Pour lors l'assertion de la raison sera toujours immédiatement la cause efficiente des droits, & des obligations que le contrat seul n'auroit pu produire.

Aussi la raison n'a-t-elle besoin de l'intervention d'aucun contrat, pour faire naître pareillement différens droits, autres que ceux des Souverains, & différentes obligations, autres que celles des sujets. Aussi la raison est-elle reconnue, dans le droit civil, pour être, sous le nom de loi naturelle une cause immédiate de droits & d'obligations comme le sont la loi civile, les contrats, les quasi contrats, les délits, les quasi délits. Certainement ce n'est pas la volonté de vos

Pour produire une infinité de droits & d'obligations, la raison ne se passe-t-elle pas de l'entremise des contrats?

semblables, qui vous donne droit de prétendre, qu'ils s'abstiennent de vous faire aucun tort. Ce n'est pas de la volonté de celui qui vient attaquer votre vie, que vous tenez le droit de le tuer.

Si l'évidente assertion de la raison n'étoit pas obligatoire, comment les consentemens le feroient-ils ?

PUISQU'ENFIN l'affirmation de la raison nous a seule appris qu'un consentement valable peut créer des droits & des obligations, il faut nécessairement ou désavouer qu'il se forme des droits & des obligations, par la voie des contrats, ou reconnoître pour droit & pour obligation, tout ce que la raison nous représente évidemment comme obligation, ou comme droit, sur quelque base qu'elle les établisse.

Il faut donc encore nécessairement ou désavouer qu'il se forme des droits & des obligations par la voie des contrats, ou reconnoître que, dans toute constitution raisonnable, à la possession actuelle & paisible du pouvoir Souverain fût toujours inhérent, & continue d'être inhérent, un véritable droit, dont l'affertion de la raifon étoit & continue d'être immédiatement la caufe efficiente, comme elle en étoit & continue d'en être la caufe démonftrative.

LA raifon affirme que l'homme a le droit de fe conferver, & que ce droit eft encore une de fes premieres obligations. La raifon affirme pareillement que l'homme, du moins autant qu'il le peut, fans fe mettre en péril, doit s'empreffer à conferver fes femblables. C'eft, en effet, la premiere juftice qu'il leur doit. Delà découlent la plupart des droits mutuels & des obligations mutuelles, qui ne dépendent d'aucun contrat, & font engendrés immédiatement par l'approbation ou l'affertion de la raifon, tels font entre autres, les droits des peres fur leurs enfans, droits qui tendent principalement à l'utilité des enfans eux-mêmes.

L'évidente affertion de la raifon eft la caufe immédiate du droit des Souverains comme de plufieurs droits mis en exemple.

Quand la raifon affirme, que l'homme a le droit, & qu'il eft dans l'obligation de fe conferver & de rechercher ce qu'il doit juger favorable à la conſervation de ſes ſemblables; elle affirme implicitement, & non moins évidemment, que la paiſible poſſeſſion du pouvoir Souverain renferme un droit dont cette poſſeſſion devient le titre extérieur & ſenſible. Elle affirme, toujours implicitement, & non moins évidemment, que l'acquieſcement des ſujets à la continuation de cette poſſeſſion, eſt une obligation, une conſéquence du droit des Souverains, & des principes qui produiſent ce droit, & non pas le principe même de ce droit.

La raiſon affirme ſans doute auſſi, qu'autant qu'il étoit poſſible, il devoit être procédé réguliérement à l'inſtitution des gouvernemens; mais comment l'affirme-t-elle, & dans qu'elle vue ? Elle l'affirme en prononçant, en général, que les hommes doivent obſerver toutes les régles de la juſtice, & qu'ils ne doivent uſer, les uns envers les autres, ni de violence, ni d'artifice. Elle l'affirme en vue des avantages qu'ils auroient

gagnés

gagnés à procéder, auſſi réguliérement qu'il auroit été poſſible à l'inſtitution des gouvernemens. Une conſéquence, qui ſe tourneroit contre le bien commun, ne peut donc pas être extraite de ce qu'affirme la raiſon en faveur du bien commun. La plus grande régularité poſſible, dans l'inſtitution des gouvernemens, ne fut donc jamais une condition de la validité de leur inſtitution & de la formation du droit des Souverains.

Le défaut de conſentement, ou les vices qui l'annullent, ſont un obſtacle invincible à l'exiſtence de tout droit, qui n'a pour but, que l'utilité de celui qui le poſſede, & pour fondement, qu'une libre faculté d'en diſpoſer, dans celui qui le transfere. Mais il n'en eſt pas de même des droits, dont la conſiſtance eſt abſolument néceſſaire à la conſervation de ceux qui ſont ſoumis à l'exercice de ces droits. Il n'en eſt pas de même des droits qui ſont ſeulement très-avantageux à ceux qui ſont ſoumis à l'exercice de ces droits.

L'évidente approbation de la raison est pour lors la cause immédiate de la confiftance de pareils droits. C'eft ainfi que l'affertion de la raifon eft la caufe immédiate des droits des parens fur les enfans légitimes, & fur ceux mêmes qui font le fruit d'un comerce prohibé; c'eft ainfi que l'affertion de la raifon eft la caufe immédiate du droit, de répéter toutes les dépenfes néceffaires, ou feulement utiles, faites pour un abfent, dont on a géré les affaires, fans avoir été muni de fa procuration. C'eft ainfi que l'affertion de la raifon, déterminée par l'intérêt de tout le genre humain, eft la caufe immédiate du droit qu'acquiert un Souverain contre un autre Souverain, par un traité qui termine une guerre, où la fortune s'eft rangée du côté de l'injufte agreffeur.

Ce traité, l'ouvrage de la force, n'en eft pas moins la matière du plus folide droit. Les Princes, dit M. de Montefquieu, « qui » ne vivent point entre eux fous des loix

» civiles, ne font point libres. Ils font gou-
» vernés par la force; ils peuvent continuel-
» lement forcer, ou être forcés. De-là il
» fuit, que les traités, qu'ils ont faits par
» force, font auffi obligatoires que ceux
» qu'ils auroient faits de bon gré.

Ainfi de même, parce qu'une multitude d'hommes n'eft pas un feul homme, parce que la diverfité de fentimens & de volontés, & le choc des intérêts & des paffions, font à redouter dans une multitude d'hommes, dès-lors qu'une fociété d'hommes eft liée par une conftitution où l'exercice du pouvoir fouverain n'excede point les juftes proportions qu'il doit avoir, quelque irrégulière qu'ait été l'inftitution de ce pouvoir, la raifon ne peut s'empêcher de juger, que la ftabilité de ce pouvoir eft néceffaire à la conservation de tous les membres de la fociété qu'il maintient, & dont il eft le lien. Et ce jugement de la raifon eft la caufe immédiate du droit qui s'eft joint à l'exercice de ce pouvoir, depuis le moment que, devenu paifible, il a rempli fa deftination.

La raifon ne peut pas s'empêcher de juger que la ftabilité du Souverain, individuel ou collectif, reconnu dans un État, eft également néceffaire à la confervation des membres de l'État, après une inftitution vicieufe, comme après une inftitution auffi régulière qu'il foit poffible. Comment donc la raifon pourroit-elle ne pas affurer, dans le premier cas, la confiftance du Souverain, puifqu'au fecond cas elle n'en affureroit la confiftance, que comme néceffaire à la confervation des membres de l'État, & comme devant leur procurer beaucoup d'autres avantages, & nullement comme autorifée par une inftitution même parfaitement régulière ?

En conféquence du droit qu'elle attache à la poffeffion paifible du pouvoir fouverain, la raifon ne peut s'empêcher de juger, que tous les membres d'un État doivent être difposés à défendre avec la plus courageufe fermeté l'ancienne poffeſſion de leur Souverain individuel ou collectif. Mais, en même-tems, la raifon repouffe avec horreur, l'idée de la prolongation indéfinie du terme auquel les guerres civiles devroient ceffer. La raifon ne peut donc encore s'empêcher de juger que tous les membres d'un État, où le calme avoit fuccédé à la tempête, devoient refpecter la poffeffion d'un nouveau gouvernement, ou d'un nouveau chef, quoiqu'elle fût vicieufe dans fon principe, & qu'ils devoient s'abſtenir de tout ce qui pouvoit ramener la confufion & la guerre.

Les affertions de la raifon humaine, a-t-il été dit, lorfqu'elles font forcées par l'évidence, font les oracles de Dieu même. Cet axiôme fait faifir le fens naturel de cette maxime, que nous enfeignent les Livres faints. Toute puiffance vient de Dieu. La raifon ne fait qu'atteſter que la Juſtice par effence, ou Dieu même, dont elle nous rapporte les décrets, eſt immédiatement la cauſe efficiente du droit des Souverains, comme, par le miniſtère de la raiſon, il en eſt encore la cauſe démonſtrative.

Nul droit n'eſt donc plus réel que le droit des Souverains, & la raiſon n'eſt pas plus réelle.

QUAND la raiſon affirme au dedans de nous qu'elle engendre pour nous, par ſa propre aſſertion, ou telle obligation, ou tel droit, par quelle force, par quelle autre raiſon, par quelle autre intelligence que la nôtre, jugerons-nous le contraire de ce que notre intelligence ou notre raiſon nous fait juger & ne peut s'empêcher de faire juger ?

Dans ſes déclarations affirmatives du droit des Souverains, la raiſon n'a donc pas moins d'autorité que dans ſes déclarations affirmatives de tout autre droit. Elle a la même autorité quand elle explique les élémens du droit politique, & quand elle expoſe les régles primitives de juſtice qui portent tout l'édifice du droit civil, quelque diverſifié qu'il ſoit chez les différens peuples. Elle a la même autorité quand' elle dit : « le plus grand

» intérêt de chacun des membres de chaque
» État, transforme en droit la paisible pof-
» session du pouvoir Souverain »; & quand
elle dit : « soyez exact à vous comporter envers
» les autres comme vous desirez qu'ils se con-
» duisent envers vous; ne faites mal à per-
» sonne, au contraire, faites à vos semblables
» tout le bien que vous leur pouvez faire,
» sans vous incommoder : vos conventions
» vous lient, vous font acquérir des droits,
» vous impriment des obligations, soyez
» fidéles à les remplir ».

Tout le droit civil aussi, quelque diversifié qu'il soit chez les différens peuples, est en effet entiérement assis sur ces régles primitives de justice, puisqu'en conséquence de la nécessité de l'ordre & de l'état social, les plus arbitraires dispositions du droit civil obligent toujours comme par l'effet d'une convention. *Lex communis sponsio civitatis.*

Par conséquent enfin, parmi tous les droits, ou créés par l'assertion immédiate de la raison, ou créés, tant par l'assertion de la raison que par la médiate intervention des contrats, ou de quelqu'autre cause extérieure de droits, il n'en est aucun qui puisse être appellé de ce nom, à plus juste titre que le droit inséparable de la paisible possession du pouvoir Souverain.

Quelle est donc la réalité du droit des Souverains? Quelle en est la certitude? Si pour élever des doutes à ce sujet il faut en élever sur la réalité de la raison même, l'abjurer & renoncer ainsi, par une abdication expresse, à tout droit de former aucun raisonnement!

Le droit des Souverains brille du plus grand éclat quand sa formation n'est obscurcie par aucune idée étrangère.

QUE les Souverains eux-mêmes sont annoblis! que leur droit devient cher & précieux lorsqu'on en contemple les principes constitutifs, en excluant ainsi de sa formation toute idée hétérogène; quand l'autorité de l'homme sur d'autres hommes, & dans son origine, & dans sa substance, n'a rien qui dégrade le sujet; quand la dépendance de l'homme se concilie, tant avec sa liberté qu'avec son orgueil légitime & ne déroge même pas foncièrement à l'égalité qu'une même nature met entre tous les hommes. Lorsque le Souverain, individuel ou collectif, représente seulement, & quant au produit de lumières, la somme des intelligences particulières de tous les membres de son État, & devient ainsi pour chacun d'eux, & pour lui-même, le représentant de la raison primitive sur tout ce qui tient à la vie sociale ; comme hors de la société l'intelligence particulière de chaque homme, le produit de ses réflexions, seroit pour lui, sur tous les points, le représentant de la raison primitive ; lorsqu'enfin le Souverain, individuel ou collectif, est ainsi proprement & littéralement l'image de la Divinité, comme l'enseigne encore la Religion.

CET éclat resplendissant du droit des Souverains, qu'il sera néanmoins prompt à s'amortir & même à s'éteindre, si le motif qui détermine la raison à la production de ce droit, vient à fléchir par sa propre instabilité,

Tout l'éclat du droit des Souverains s'amortit si la raison ne peut pas abolir, en vue de l'intérêt général, le droit qu'elle forme unique.

[202]

ment en vue du même motif. Après avoir admis un principe, la raison ne peut en admettre une conséquence & rejetter l'autre; la raison ne peut embrasser un motif de décision, sans y déférer dans tous les cas, où ce motif n'a pas lieu de plier sous un motif supérieur auquel il est subordonné. Aux yeux de la raison, le droit du Souverain, individuel ou collectif, ne peut donc subsister en opposition avec le plus grand intérêt de chacun des membres de l'État, c'est-à-dire, en opposition avec le motif qui détermine la raison à la production du droit des Souverains. L'impuissance de ce motif, pour anéantir ou suspendre le droit qu'il repousseroit, déceleroit l'impuissance de ce motif, pour nécessiter la formation qu'il provoque du même droit.

Les droits des Souverains injustement dépouillés, étoient donc éteints, dans les circonstances désignées, sauf à revivre. Après une usurpation consommée, après le rétablissement du calme civil dans un État, & pendant la durée de ce calme, les droits de l'ancien Souverain, ou des anciens chefs de l'État, sur-tout lorsque les loix n'en avoient pas prorogé la durée au-delà de cette époque, étoient donc anéantis à cette époque, ou du moins suspendus, jusqu'à ce que cet État, par le fait & contre le droit, eût été précipité de nouveau dans la confusion & dans l'anarchie.

Les ravisseurs de l'autorité souveraine étoient coupables d'un attentat sacrilége. La possession qu'ils avoient renversée, étoit, par elle-même, dans son tems, le titre extérieur, ou le signe le plus manifeste d'un droit inviolable. Mais la raison n'avoit créé ce droit, & prescrit les obligations qui pouvoient y correspondre, qu'en vertu du rappport de convenance, observé par elle entre ce droit & l'intérêt commun de ceux qu'elle en investissoit, & de ceux qu'elle soumettoit aux obligations qui devoient y correspondre. Quand l'unique rapport, qui constituoit l'existence de ce droit, avoit cessé, ce droit ne pouvoit donc plus subsister. La raison ne pouvoit donc faire un devoir de hazarder des tentatives pour le rétablissement d'un pareil droit, lorsqu'un tel devoir auroit été contraire à l'intérêt le plus essentiel de tous les membres d'un État, & lorsqu'il ne se rencontroit aucun motif supérieur qui dût prévaloir sur l'intérêt le plus essentiel de tous les membres de cet État.

<small>Le crime & le droit ont subsisté conjointement dans les usurpateurs.</small>

LE crime & le droit réunis ont donc subsisté conjointement, dans les usurpateurs de l'autorité souveraine pendant la durée du calme civil ; comme le droit & le crime subsistent conjointement dans les Souverains individuels ou collectifs, par rapport aux avantages qui leur ont été cédés à la suite d'une guerre où les a poussés l'ambition, & le désir de s'agrandir.

<small>Retour d'une réflexion ci-dessus exposée.</small>

SUR-TOUT, une idée précédemment indiquée, doit se lier dans les esprits, avec l'idée de la suspension du droit des Souverains dans les circonstances désignées. Il n'en est pas, a-t-il été dit, de l'autorité souveraine, comme des autres objets de possession & de propriété. Les Souverains, même collectifs, après une révolution qui leur avoit été fatale, n'avoient rien perdu qui leur eût été propre & qu'ils eussent pu posséder pour eux-même. Pour juger du mérite de leur réclamation, il ne falloit donc pas s'arrêter à des considérations qui leur étoient purement personnelles, mais ranger à cet égard toute considération, suivant son rapport à la destination finale de l'objet réclamé.

ENFIN, pour dernière conséquence, après l'assise des principes constitutifs du droit des Souverains, dans l'obligation où sont tous les hommes de se faciliter mutuellement le recouvrement de leurs droits légitimes, il ne reste aucun vestige d'objection, contre le droit externe qui s'est uni, d'après son rapport avec l'intérêt de tout le genre humain, à la paisible possession du souverain pouvoir, lors même que cette possession étoit récente & vicieuse dans son principe.

L'obligation où sont tous les hommes de se faciliter mutuellement le recouvrement de leurs droits légitimes, ne pouvoit donc, pendant la durée du calme civil, être invoquée par les Souverains dépouillés.

DEPUIS un assez long cours de raisonnemens, l'imagination n'aura pas cessé d'être

Cromwel même eut un droit externe dont le prin-

[206]

<small>cipe ne résidoit pas en sa personne comme entre les Souverains ; les traités font acquérir à l'injuste aggresseur un dfoit externe sur les objets à lui cédés.</small> pourfuivie & troublée par l'affreux souvenir des usurpateurs les plus insignes, & les plus odieux. Les noirs forfaits de Cromwel auront toujours obsédé la pensée, & l'horreur qu'ils inspirent aura comme terni les principes qui le mettoient à l'abri de la vengeance & de la justice humaine, pendant la durée d'un calme civil, qui fut la suite de l'enchaînement de ses crimes. Quoi, ce monstre avoit acquit un droit par la force, par le crime ! Quoi, tous moyens n'étoient pas légitimes pour faire remonter Charles second sur le trône de ses peres ! Quoi, ce Prince, pendant un certain tems, a dû trouver un obstacle à son rétablissement, dans les principes constitutifs du droit des Souverains !

Voilà des difficultés, mais plus capables d'étonner l'imagination que de confondre un esprit attentif & réfléchi.

Le fait de l'entrée en possession du pouvoir souverain, fut souvent l'ouvrage du crime & de la force. Ni l'un ni l'autre n'ont jamais été le motif de l'union du droit à la possession de ce pouvoir. L'unique motif de la formation de ce droit a toujours été le salut de chaque peuple, qui, visiblement, auroit couru le plus grand risque, par l'effet de la suspension indéfinie du terme auquel les guerres civiles auroient dû cesser. Tel fut le motif du droit externe dont Cromwel lui-même fut revêtu, motif étranger à ce fameux usurpateur, qui toutefois lui profita, puisque l'empire lui parut un si grand bien, mais qui ne put le justifier ni l'absoudre.

De même, entre les chefs des États, lorsqu'un injuste agresseur, entraîné dans les batailles par sa seule ambition, a réduit un autre État à la nécessité d'acheter la paix à des conditions désavantageuses, quand la nation vaincue a voulu prévenir sa ruine totale, par des sacrifices volontaires, quoique non libres, quand elle s'est résignée à ces douloureux sacrifices, par un consentement formel, arraché néanmoins par la crainte d'essuyer de nouvelles disgraces, & de souffrir de plus grandes pertes; la supériorité de force & la criminelle ambition de l'injuste agresseur ne sont ni l'une ni l'autre le motif du droit externe qu'il a réellement acquis par le traité, que les vaincus ont été contraints de se laisser dicter. La supériorité de force, & la criminelle ambition de l'injuste agresseur, ont été les causes *'.* l'existence des traités, mais non les causes, le fondement, ou la raison du droit qui les rend obligatoires : les motifs de l'accession du droit à des traités de cette espèce, ont été, d'abord, l'intérêt des vaincus, au moment de la conclusion de la paix; ensuite le salut de tout le genre humain. Quel seroit le sort de l'humanité, si les nations ne pouvoient mettre fin à leurs sanglans débats par aucunes conventions? Et quelle absurdité seroit-ce d'arrêter des conventions sans force & sans vertu, dont chacune des puissances, sous prétexte de

défaut

défaut de liberté, de léfion, de dureté des engagemens, fe reléveroit & fe déchargeroit elle-même en qualité de partie & de juge ?

Le premier de ces motifs, l'intérêt préfumé d'une puiffance, à l'époque de la conclufion du traité, dans lequel elle s'eft bleffée elle-même fuffiroit feule pour rendre ce traité pleinement obligatoire. C'eft le fentiment de M. de Montefquieu.

« Il ne faut pas décider, dit-il, par les
» principes des loix civiles les chofes qui
» appartiennent aux droits des gens ».

« La liberté cohfifte principalement à ne
» pouvoir être forcé à faire une chofe que la
» loi n'ordonne pas; & on n'eft dans cet état
» que parce qu'on eft gouverné par des loix
» civiles : nous fommes donc libres, parce
» que nous vivons fous des loix civiles ».

« Il fuit delà que les Princes qui ne vivent
» point entr'eux fous des loix civiles ne font
» point libres. Ils font gouvernés par la force.
» Ils peuvent continuellement forcer ou être

» forcés. Delà, il fuit que les traités qu'ils
» ont fait par force font aussi obligatoires,
» que ceux qu'ils auroient faits de bon gré.
» Quand nous, qui vivons sous des loix
» civiles, sommes contraints à faire quelque
» contrat que la loi n'exige pas, nous pou-
» vons à la faveur de la loi revenir contre la
» violence : mais un Prince qui est toujours
» dans cet état dans lequel il force, ou il est
» forcé, ne peut pas se plaindre du traité
» qu'on lui a fait faire par la violence. C'est
» comme s'il se plaignoit de son état naturel.
» C'est comme s'il vouloit être Prince à l'égard
» des autres Princes, & que les autres Princes
» fussent citoyens à son égard, c'est-à-dire,
» choquer la nature des choses ».

Pour prouver donc que les Souverains sont obligés d'observer les traités qu'ils ont été contraints d'accepter, M. de Montesquieu se contente de rappeller la nature des choses & la position respective des Souverains. Il pense donc qu'à l'époque de la conclusion d'un traité, l'intérêt qu'avoit une puissance de s'y soumettre a suffi pour frapper d'injustice tout retour de sa part contre les sacrifices par elle faits, contre les engagemens par elle pris dans ce traité, & pour assurer à l'autre puissance un droit externe sur les objets par elle acquis en vertu du même traité. En même tems, le droit externe, transmis à cette dernière puissance, est devenu le motif de l'obligation par elle contractée, de se renfermer dans les bornes du traité, sans pousser plus loin ses efforts & sans porter plus loin ses prétentions. En effet, M. de Montesquieu ne veut sûrement pas dire que la supériorité de force d'un puissance & la foiblesse de l'autre soient le fondement du droit acquis à la première & de l'obligation subie par la seconde. Il a donc voulu faire entendre que le fondement de ce droit & de cette obligation est l'intérêt que la puissance foible est présumée avoir eu de sacrifier une chose pour en conserver une autre.

L'embarras dont une puissance s'est tirée

par un accomodement cesse d'exister, mais il ne cesse pas d'avoir existé. Sous ce rapport il est perpétuel, & comme tel sous ce rapport il est la cause subsistante du droit & des obligations qu'il a fait naître.

Ces vues s'accordent même assez avec les vues du droit civil. Le droit civil n'assimile pas le consentement extorqué par violence au consentement erroné. Ce dernier n'est compté pour rien & non pas l'autre. Par le premier, il existe un contrat, & des droits & des obligations, qu'il faut faire rescinder par la voie du recours à la puissance publique, au représentant de la raison primitive, ou du moins à ses substituts; & quand l'extorsion du consentement, par une violence qualifiée, est suffisamment constatée, la rescision du contrat est ordonnée, comme une suite de l'obligation naturelle qui presse l'auteur d'une violence injuste de réparer le préjudice qu'elle a causé, & par conséquent d'anéantir les obligations que, par cette violence, il a fait contracter à son profit.

Pareillement, un Souverain, individuel ou collectif, qui s'est fait céder des avantages à la suite d'une guerre injustement projettée de sa part, mais heureusement conduite, doit, dans les premiers tems du moins, & quand il le peut sans un grand inconvénient, se départir de ses avantages. Il le doit comme soumis à la raison primitive en qualité de représentant d'une multitude d'hommes. Il le doit, par forme de réparation du préjudice qu'un autre Souverain a souffert de son injustice; mais cette injustice seule cause d'une telle obligation, ne peut pas être authentiquement, & pour ainsi dire, juridiquement certifiée, puisque les Souverains n'ont d'autre juge que celui dont ils sont les représentans vis-à-vis de leurs sujets. De Souverain à Souverain, l'obligation de se départir des avantages mal acquis est donc seulement interne & purement naturelle. Le Souverain, à qui cette obligation seroit profitable, n'a pas le droit d'en exiger l'accomplissement. Elle ne déroge pas non plus au droit externe d'un Souverain sur les objets mêmes dont elle l'engage à se désister ; & l'inexécution de cette obligation naturelle n'autorise point le Souverain qui devroit en recueillir le fruit à se soustraire à ses propres obligations externes & tout-à-la-fois internes, contractées pour sa propre utilité.

Il n'importe que l'injustice ait été manifeste dans l'usurpation de l'autorité souveraine & qu'elle soit problématique entre Souverains qui se font la guerre.

Les auteurs des révolutions arrivées dans l'intérieur des États, s'étoient souillés, il est vrai, d'une injustice avérée. La réparation qu'ils en devoient, n'étoit pas plus douteuse.

Non, cela n'étoit pas douteux, mais on en doutoit. Ce qui ne devoit pas être un problème, le devenoit par la disposition des esprits, & sur-tout par les préjugés substitués aux justes notions en matière politique. C'est par-là que les usurpateurs se maintenoient ; par-là, l'obligation de se départir des avantages mal acquis, se réduisoit en eux aux termes d'une obligation purement naturelle, qui ne donnoit pas le droit d'en exiger l'accomplissement, & qui ne dérogeoit point au droit externe dont ils n'avoient que la détention, dont la cause, en un mot, leur étoit étrangère.

CEPENDANT, entre Souverains ; si vous supposez que les prétentions du victorieux ayent été manifestement injustes, le vaincu n'aura toujours consulté que son intérêt en arrêtant les progrès du vainqueur, par des conventions appropriées à la position respective des deux Souverains ; l'intérêt du plus foible aura de même été la cause immédiate du droit externe transmis au plus fort. Mais alors, cet intérêt du plus foible, n'aura point eu d'autre cause que l'injustice appuyée de la force, & par conséquent l'injustice appuyée de la force, aura pareillement été la seule cause originelle, ou la première cause du droit extorqué par le vainqueur. Pour lors aussi, quelque scrupule engagera toujours à disputer l'aveu d'un pareil droit. Pour être vraiment incontestable, il a ce

Le droit externe résultant des traités faits entre Souverains ne devient vraiment incontestable que par la considération de l'intérêt du genre humain.

semble besoin de paroître soutenu, comme il l'est en effet, de l'intérêt de tout le genre humain.

Le droit externe dont les coupables usurpateurs de l'autorité souveraine ont été simples détenteurs pendant la durée du calme civil, a donc eu la plus grande analogie avec le droit externe acquis par un Souverain, en vertu d'un traité fait avec un autre Souverain qui s'est vu forcé d'y souscrire, à la suite d'une guerre où le succès a trahi sa juste défense.

Ce qu'il faut penser d'après ces principes de l'action de Brutus & de Cassius.

UNE infraction de la régle n'en justifie pas une autre infraction. Les crimes des uns ne donnent point à d'autres le droit d'en commettre. Il n'étoit donc pas permis à toutes personnes de s'élever, dans tous les tems, & par toute espéce de moyens contre les criminels usurpateurs de l'autorité souveraine. Il ne faut pas être injuste envers Brutus & Cassius, par ce que leur action fut atroce & contraire à tout droit. Mais aussi, par ce qu'il faut rendre hommage à leur droiture d'intention, à la grandeur de leur courage, à l'élévation de leurs sentimens, il ne faut pas s'en laisser imposer sur la nature & les caractères de leur action. Ils violerent tout droit. Ils firent un complot dans lequel ils n'auroient jamais fait entrer Caton. Vaincus par César, ils étoient redevables de la vie, de leurs rangs & de leurs honneurs, à celui qu'ils assassinerent. Ils méconnurent & le droit des gens & le droit politique. Les régles du droit des gens, qui s'appliquent tant aux guerres de Souverain à Souverain, qu'à leurs suites, s'appliquoient également, pour l'intérêt du genre humain, tant à la guerre civile qu'à ses suites. Brutus & Cassius ne le virent pas. Ils ne virent pas, que la conservation de l'espèce humaine étant l'objet principal du droit politique, il s'opposoit impétueusement à la suspension indéfinie du terme auquel les guerres civiles auroient dû cesser. Trompés enfin, comme des hommes vulgaires, par les subtilités de l'amour propre, ils furent entrainés par leurs propre intérêt qui, joint à celui de leurs adhérans, prit à leurs yeux la forme & le nom d'intérêt public. Ils conspirerent, ils assassinerent, ils combatirent pour faire revivre dans Rome le gouvernement républiquain, quand il n'y pouvoit plus être qu'une véritable anarchie, & pour assurer aux Provinces l'avantage d'avoir chacune, en leurs adhérants des Verrès pour despotes, sous le titre de Préteur, ou de Proconsul.

M. de Montesquieu, dans les Considérations sur les causes de la grandeur, & de la décadence des Romains, employe tout son art à pallier l'injustice, non de Brutus & de Cassius seulement, mais de leur action même.

» Il y avoit, dit il, un certain droit des
» gens ! une oppinion établie dans toutes les
» Républiques de Grèce & d'Italie, qui faisoit
» regarder comme un homme vertueux l'as-
» sassin de celui qui avoit usurpé la souve-
» raine puissance. Et Rome, sur-tout, de-

» puis l'expulsion des Rois, la loi étoit pré-
» cise ; les exemples reçus ; la République ar-
» moit le bras de chaque citoyen, le faisoit
» magistrat pour le moment & l'avouoit pour
» sa défence.

Ce droit des gens, cette opinion, cette loi, ces exemples avoient-ils donc encore quelque application à l'état des choses, après que la guerre avoit décidé les questions, tranché sur les prétentions & ramené la régle, l'ordre & la paix.

» Brutus ose bien dire à ses amis, reprend
» M. de Montesquieu, que, quand son père
» reviendroit sur la terre, il le tueroit tout
» de même, & quoique par la continuation
» de la tyrannie, cet esprit de liberté se perdît
» peu-à-peu, les conjurations, au commen-
» cement du régne d'Auguste, renaissoient
» toujours.

» C'étoit un amour dominant pour la
» patrie, qui sortant des régles ordinaires des
» crimes & des vertus, n'écoutoit que lui

» seul, & ne voyoit ni citoyen, ni amis, ni
» bienfaiteur, ni père. La vertu s'embloit
» s'oublier pour se surpasser elle-même, &
» l'action, qu'on ne pouvoit d'abord approu-
» ver parce qu'elle étoit atroce, elle la faisoit
» admirer comme divine.

» En effet, le crime de César qui vivoit
» dans un gouvernement libre, n'étoit-il pas
» hors d'état d'être puni autrement que par
» un assassinat ? & demander pourquoi on ne
» l'avoit pas poursuivi par la force ouverte,
» ou par les loix, n'étoit-ce pas demander
» raison de ses crimes ?

Quand toute autre ressource manque, le crime devient-il donc nécessaire autrement que le devient une action impossible ? ou M. de Montesquieu n'avoit-il pas encore assez distingué les principes, dont la pleine découverte empêchant les mains paternelles de retomber, & le délivrant de la tentation d'envoyer ses feuilles au vent, l'a mis en état d'achever le plus beau monument de l'esprit humain ; ou bien enfin, M. de Montesquieu n'a-t-il pas plutôt voulu dire que César avoit perdu tout droit personnel de n'être pas assassiné, qu'il n'avoit pu, ni par sa clémence ni par ses bienfaits, le recouvrer même vis-à-vis de ceux qu'il avoit épargnés, sauvés, comblés de biens ? Mais le mur d'airain qui devoit lui servir de rempart, c'étoit le droit politique, ou l'intérêt d'un État qui s'étendoit presque jusqu'aux bornes du monde.

Il est donc vrai que pendant un certain tems Charles II dut trouver un obstacle à son rétablissement dans les principes du droit politique ; & ce n'est pas un inconvénient qu'il faille imputer à ces principes mêmes, mais à la violation qu'ils avoient essuyée. Or, les inconvéniens à redouter de l'exécution d'une règle, peuvent en faire suspecter la certitude, & non pas les inconvéniens attachés à sa violation, non pas même celui qui résulte de ce qu'elle ne peut se prêter à des violations nou-

Si Charles II a dû trouver pendant un tems un obstacle à son rétablissement dans les principes ici posés, cela ne doit pas être imputé à la règle, mais à la violation qu'elle avoit essuyée.

velles, employées pour reffource après une violation antérieure.

Aucune régle ne fe détruit elle-même; elle a tout fon effet dans l'étendue de fa fphère, à moins qu'elle ne foit arrêtée par la force d'une régle fupérieure; ce qui n'a pas eu lieu dans le cas dont il s'agit par rapport à la grande régle, le falut du peuple eft la fuprême loi.

D'ailleurs, une conviction intime & générale, ou prefque générale des vrais principes politiques, eut prefervé l'Angleterre & Charles Ier des attentats dont ce Prince & fon Royaume ont été les victimes; pour lors, Charles II n'auroit pas eu lieu de rencontrer, dans les mêmes principes, quelqu'obftacle à fon rétabliffement. Le fanatifme religieux, quoiqu'attifé par la faction, n'eut jamais prévalu dans l'efprit du peuple Anglois, fur le refpect pour fa conftitution, & pour la première perfonne de l'État, fi ce refpect n'eut pas été proprement une impreffion machinale, fruit de la pompe d'une Cour, & de l'habitude & d'un préjugé confus, propre à s'accomoder aux plus pernicieux fyftèmes. L'obfcurité répandue fur la véritable origine, & la véritable baze du droit des Souverains, fut la première & la principale caufe de l'étrange fuccès de Cromwel. Et fi jamais l'ufurpation obtient de nouveaux triomphes, ils auront toujours & par-tout la même caufe.

Rien ne feroit donc plus funefte que de rendre inintelligible la formation du droit des Souverains, afin de laiffer ignorer ce que Charles II, pendant un tems, a trouvé de contraire à fes prétentions, dans le principe conftitutif du même droit. Puifque le principe conftitutif de ce droit, n'eft autre que le falut ou l'intérêt du genre humain; puifqu'un droit ne peut l'être ni le paroître contre fon principe ; puifqu'un principe ne peut fléchir, par fa propre inftabilité quand il eft contraire, fans fléchir également quand il eft favorable ; loin d'ici toutes maximes qui, pour ménager aux Souverains des moyens de reprendre leurs droits ufurpés, détruiroient en eux toute apparence de droit, & par-là même effaceroient dans l'ufurpation qui les auroit dépouillés toute apparence de crime.

La révolution qui reporta Charles II fur le trône n'eut rien de contraire aux principes établis dans ce Difcours.

Lorsqu'enfin le généreux Monk entreprit de replacer Charles II fur le trône d'Angleterre, il s'y voyoit engagé, bien loin qu'il en fut détourné, par le droit politique, par les principes conftitutifs du droit des Souverains, par l'intérêt de la nation.

Avec la vie de Cromwel, avoit ceffé fa tyrannie; fon fils & fon fucceffeur Richard n'avoit pas attendu les dernières violences pour abdiquer, & fon abdication avoit laiffé l'État fans aucune forme de gouvernement. Une armée féditieufe foulevée par fes chefs, un phantôme de corps législatif, & le Corps Municipal de Londres étoient en guerre ouverte. Le défordre, fuite néceffaire de l'anarchie, étoit à fon comble. Et ce moment, comme Gouverneur d'Écoffe, Monk ayant

une

une armée sous ses ordres, se déclare pour vouloir soutenir le phantôme de corps législatif contre l'armée d'Angleterre. Il paroissoit préférer à juste titre le gouvernement civil au militaire, & se tenoit bien assuré de pouvoir aisément rappeller à la régle le prétendu corps législatif, lorsqu'il auroit abbatu l'armée factieuse.

L'occasion de rendre à sa patrie le plus signalé service, en extirpant le germe des troubles & des dissentions, par le rétablissement du trône & du Roi légitime, ne le surprenoit pas au dépourvu. Depuis longtems il l'attendoit, & s'étoit mis en état d'en profiter, aussitôt qu'elle se présenteroit. Il avoit amassé beaucoup d'argent, & mis l'Écosse en état, non seulement de ne pas troubler ses projets & de ne pas échapper à la domination Angloise, pendant qu'il seroit occupé d'un autre côté, mais de lui servir de ressource & de retraite en cas de disgrace. Il y laissoit dans toutes les bonnes places des garnisons suffisantes pour les garder. Il avoit sçu se faire aimer de la nation; la noblesse & le peuple étoient également bien disposés en sa faveur. Son armée avoit été par lui formée, disciplinée, endurcie, conformément à l'usage qu'il en vouloit faire. Il avoit mieux aimé la diminuer que d'y laisser des gens suspects & difficiles à manier. La chose même dont il avoit eu le plus de peine à venir à bout, avoit été de purger ainsi ses troupes d'Officiers & de Soldats indociles, & dont les vues & les attachemens se portoient ailleurs. Il avoit fallu recommencer plusieurs fois à réformer, encore n'avoit-il pu si bien faire, que des compagnies entières ne l'eussent quitté lorsqu'il y pensoit le moins. Son application & sa vigilance avoient apporté remède à ces accidens; tellement qu'à la fin, de tous ceux qui commandoient, il fut le seul constamment suivi. Il s'étoit saisi de Batvik & de Carlile, postes importans dans les confins des deux Royaumes à qui veut porter la guerre de l'un à l'autre. Sa circonspection avoit été telle à l'égard de ceux qui le follicitoient de la part du Roi, que fans leur rien promettre il leur avoit laiffé tout efpérer, fans leur découvrir affez fon deffein pour qu'ils puffent en parler affirmativement, & le divulguer à contre tems, il le leur avoit fait affez entrevoir pour qu'ils y conformaffent leur conduite & fe tinffent prêts pour en profiter. La modération, la réferve, l'art de s'envelopper, néceffaires à l'ambitieux pour aller à fes fins, ne le font quelquefois pas moins à celui qui veut faire le bien. Monk fentit qu'il perdroit tout, fi tranfporté par l'utilité, par la grandeur & par la juftice de fon deffein, il le fuivoit avec chaleur, avec enthoufiafme, avec paffion; il joignit donc aux plus pures vues, la plus profonde circonfpection, la plus fage lenteur. Toutes les mefures ayant été fi bien prifes & l'occafion d'entamer l'affaire fi bien choifie, felon les régles du droit & d'une faine politique, il devoit éprouver, comme en effet il éprouva dans l'exécution de son dessein une facilité qui paroît encore avoir eu quelque chose de miraculeux. La plûpart des Soldats de l'armée d'Angleterre furent gagnés à prix d'argent, le reste se débanda : Lambert, chef de cette armée, en fut abandonné; son audace le faisant courir à sa perte, il osa rentrer dans Londres pour y rallier & ranimer ses partisans. Aussi-tot il y fut arrêté de l'autorité du reste du Parlement & mis à la Tour. Monk eut le bonheur d'entrer dans la Capitale sans avoir tiré l'épée.

Là, s'étoit aigrie de plus en plus la division entre le corps municipal & le phantôme de corps législatif. Pour qu'elle devînt plus envenimée, la Ville demandant la convocation d'un Parlement libre, & refusant de payer les impositions ordonnées par un corps qu'elle appelloit illégal, & ce corps, pour l'y contraindre, ayant donné contre elle des ordres rigoureux, l'enlévement de ses poteaux, de ses chaînes, de ses portes, l'emprisonnement des principaux bourgeois; Monk, sur le refus de ses Officiers supérieurs, auprès desquels il n'eut garde d'insister, fit exécuter ces ordres rigoureux par des Officiers subalternes qui n'agirent eux-mêmes que comme à regret & d'un air contraint. Alors, selon ses vues, ses propres Officiers ne furent pas moins indisposés que la Ville contre le phantôme de corps législatif. Il se laissa donc comme entraîner par eux, à requérir avec eux cette compagnie de se dissoudre elle-même. En même tems il y fit réunir, comme la justice le vouloit, tous les anciens membres dont l'exclusion irrégulière avoit été l'ouvrage de la cabale. Il eut pour lors la pluralité des voix à sa disposition. Il fut nommé Généralissime des Troupes de terre; le prétendu corps national, devenu moins incomplet, arrêta sa propre dissolution, & celui qui fut convoqué, fut facilement composé de membres favorables au rétablissement de la Monarchie.

A cette époque, grand sujet d'alarmes,

Lambert, un second Cromwel, a rompu ses fers, il a tenté vainement de corrompre l'armée, mais il s'est retiré vers le Nord, il a débauché quelques Compagnies des garnisons de ces quartiers là, déjà même il se montre à la tête d'un corps de Troupes qui croît tous les jours.

Ce moment demandoit autant d'ardeur & d'activité, que les circonstances précédentes avoient exigé de patience & de mesure dans les mouvemens & les démarches. La promptitude de Monk fut extrême. Prêt à se mettre lui-même en campagne avec son armée pour suivre Lambert & le combattre, il avoit eu la précaution de faire prendre les devants aux brigades de Steter & d'Yugolsby commandées par ces Colonels. La diligence de ces deux Officiers répondit aux intentions du Général. Ils atteignirent Lambert, le chargerent brusquement, le défirent, & le ramenerent prisonnier, Monk le fit remettre dans la Tour,

Alors s'assembla le nouveau corps législatif plus réguliérement convoqué ; dès les premières séances, toutes les voix concoururent avec le plus grand empressement au rétablissement de l'ancienne constitution nationale & de son premier Magistrat légitime.

Ainsi, dans toute la suite de cette grande opération, le généreux, & non moins judicieux Monk, eut toujours l'attention de se couvrir des formalités qui pouvoient imprimer de la vénération, lors même qu'elles ne portoient point sur un fond de droit réel. Ainsi réussi-t-il à terminer le cours & les ravages d'un fléau destructeur, qui désoloit sa patrie depuis si longtems. Ainsi fut achevée une entreprise, d'autant plus honorable pour son auteur, que son parfait désintéressement lui laissa le sang froid, & la prudence qui seuls assurerent son succès, & qui firent encore que cet heureux succès ne coûta presque aucune effusion de sang. Il ne manque donc rien à la gloire de ce grand & vertueux homme. La marche qu'il tint lui fut tracée ; & le projet qu'il conçut lui fut inspiré par les vrais principes du droit politique, par le plus grand intérêt de ses concitoyens.

Les principes établis dans ce Discours sont les seuls propres à enchaîner les factieux, bien loin qu'ils puissent les encourager.

COMME en proposant une idée contraire aux préjugés reçus, il n'est pas possible de parer en même-tems à tous ces préjugés ; l'un vient toujours à l'appui de l'autre, & ce qui se dit pour résoudre un doute, trouve l'attention partagée, ou préoccupée par un autre doute. Rien ne nuit peut-être davantage au progrès de la vérité. Quoiqu'il en soit, faute de pouvoir tout dire à la fois, il a fallu différer jusqu'à ce moment à dissiper une crainte mal entendue, qu'a pu faire naître l'idée du droit externe que l'assertion de la raison a constamment uni dans l'ordre politique à l'usurpation consommée.

Un tel système, se fera-t-on dit sans cesse, auroit encouragé les ambitieux. Ils auroient été vivement animés, par l'espoir d'obtenir un droit, qui du moins auroit dû faire cesser leurs périls & leurs allarmes. Et quoiqu'a-vertis, qu'avec ce droit ils resteroient dans les liens du crime, ils n'auroient pas craint de manquer de force pour supporter la pésanteur de ces liens.

D'abord, dans la véritable monarchie, & sur-tout dans la monarchie héréditaire, la simplicité de la machine politique & la modération du gouvernement l'ont préservé, dans tous les tems, & le préserveront toujours des attentats directs de l'ambition. La plus grande fermentation n'y fait éclater que des émeutes, des révoltes, qui s'appaisent comme elles s'élèvent, parce que les séditieux n'ont ni la volonté, ni l'espérance de renverser le Prince. Aussi l'histoire des monarchies est-elle pleine, dit M. de Montesquieu, de guerres civiles sans révolutions. Au contraire, les révolutions sans guerres civiles, sont ordinaires dans les États despotiques. Les unes & les autres ont encore été communes dans le gouvernement républicain, où souvent la constitution a subi les changemens les plus essentiels, sans cesser d'être républicaine. Enfin, les guerres civiles & les révolutions ne sont pas non plus fort extraordinaires dans le gouvernement mixte, où le partage de l'autorité souveraine en différens pouvoirs répartis en différentes mains, embrouille la constitution ; ce qui donne matière à des conflits, à des contestations épineuses, & répand une obscurité dont l'ambition profite pour s'envelopper, & se faire méconnoître souvent de l'ambitieux lui-même.

Puisqu'ainsi plusieurs constitutions politiques sont en butte par leur nature, aux attaques de l'ambition, il seroit malheureux que ses attentats, si sévèrement condamnés par le droit politique, eussent été néanmoins provoqués par le même droit. Mais si l'ambition eût été comme irritée par la vue du droit externe que l'assertion de la raison devoit unir dans l'ordre politique à l'usurpation consommée ; en se livrant même à des motifs auſſi ſinguliers d'encouragement, l'ambition ne ſeroit pas encore devenue auſſi funeſte au genre humain, que l'auroit été la prolongation indéfinie du terme auquel les guerres civiles auroient dû ceſſer. Cette prolongation indéfinie du terme auquel les guerres civiles auroient dû ceſſer, auroit même fourni journellement à l'ambition des prétextes qui l'auroient rendue mille fois plus funeſte qu'elle n'eût pu le devenir, en puiſant de faux motifs d'encouragement dans les principes qui devoient lui ravir tout prétexte.

Ce qui peut encourager les ambitieux, c'eſt ce qui facilite la réuſſite de leurs attentats, & pareillement ce qui peut y nuire, ne peut que les refroidir & les décourager. S'ils ſe refuſſent donc figuré, qu'après leur ſuccès on auroit pu non-ſeulement être forcé, mais ſe juger même obligé de vivre paiſiblement, ſous leur joug; ils auroient en même tems ſenti que l'attachement aux vrais principes politiques, à l'intérêt général, auroit été le plus grand obstacle à l'usurpation projettée, avant qu'il fût devenu profitable à l'usurpation consommée. Les vrais principes politiques divulgués, & généralement adoptés, auroient donc été propres à déconcerter les ambitieux, puisqu'alors ils auroient eu lieu de craindre pour la réussite de leurs projets bien plus qu'ils n'auroient eu lieu d'espérer pour le tems subséquent.

En envisageant même ce dernier tems ; à quoi ne se seroient-ils pas attendu de la part de ceux qu'ils se seroient flattés de faire entrer dans leurs complots ? quelle garantie se seroient-ils promis pour le même tems, de la fidélité de leurs complices ?

Ils auroient encore sçu, que même après leur succès on n'auroit pas été tenu de s'armer en leur faveur, lorsque leur possession mal affermie auroit été troublée dans les premiers tems, lorsqu'ainsi la légitimité de leur titre auroit été de nouveau mis en question.

Un grand témoignage s'élève fortement contre cette idée, que les vrais principes politiques divulgués & généralement adoptés, auroient encouragé les ambitieux, & contre l'induction à tirer d'une pareille idée. La législation Angloise a tacitement reconnu les mêmes principes dans un statut qui les suppose & qui, par lui-même, auroit pu produire le mauvais effet que les principes dont il est la conséquence, auroient semblé devoir produire. Un fameux statut de Henri VII porte que, dans le cas de révolution, personne ne sera déclaré coupable pour son obéissance au Prince actuel.

Encore une fois, ce qui pourroit le plus enhardir l'ambition, ce seroit l'espérance du succès. Et ce qui pourroit le plus exciter ou fomenter cette espérance, ce seroit, que l'ambition se vît à portée de se parer des dehors les plus imposans, qu'elle eût la facilité de se déguiser sous des prétextes spécieux, & capables de lui gagner un grand nombre de partifans. Précifément auffi, voilà pourquoi le droit politique rejette & profcrit tout principe qui fourniffant des prétextes à l'ambition & pouvant fervir à la colorer, en deviendroit le plus puiffant aiguillon, & lui fourniroit fes plus fortes armes. Voilà pourquoi la raifon & le droit ont toujours confacré, dans l'ordre politique, la poffeffion fubfiftante & paifible, lors même qu'elle étoit récente & vicieufe dans fon principe. C'étoit pour ne pas armer la perfide ambition, au lieu du zèle pour la Juftice & le bien public. C'étoit pour laiffer l'ambition dénuée de tout prétexte, & lui ravir ainfi toutes fes reffources, & par là même tous fes motifs d'encouragement.

Les révolutions dépendent du concours d'un grand nombre de perfonnes. Qu'il puiffe donc exifter des hommes affreux, capables de dompter leurs remords, & d'en enchaîner l'activité, capables de reconnoître la barriere que la régle leur oppofe, & capables en même tems de rompre cette barriere, ou de la franchir, avec une détermination dégagée même de tout prestige, & de toute illusion; cela ne peut pas être contesté. Mais le plus grand nombre de leurs plus dévoués partisans n'est jamais entraîné que par l'erreur, les préjugés & la séduction. Avoir détruit les fausses maximes qui, dans tous les tems, ont pallié le crime énorme dont on se noircit, en participant aux révolutions ; c'est donc avoir travaillé du moins à les prévenir. Réduire l'ambition à ne pouvoir lever son front hideux, sans le laisser voir à découvert, c'est la forcer à le cacher dans la poussiere.

Que les principes du droit politique, tels que la raison les enseigne, soient donc généralement connus, qu'ils soient profondément gravés dans tous les cœurs, & l'esprit de révolte & de faction n'aura plus de prétexte dont il puisse se couvrir, ni de masque sous lequel il puisse se cacher. Il faudra qu'il paroisse sous ses propres traits, il faudra qu'il s'annonce par son véritable nom ; dès-lors il ne fera plus à craindre, & s'il est impossible que la paix règne sur toute la terre, & qu'elle unisse toutes les nations qui l'habitent ; elle régnera du moins à jamais dans l'intérieur de toute nation policée.

<small>Il n'est pas possible de fonder d'une manière stable le droit des Souverains sur le consentement tacite des sujets résultant de leur soumission.</small>

Pourquoi néanmoins s'obstiner, en quelque sorte, à rejetter le langage ordinaire des Auteurs qui traitent du droit politique ? Pourquoi ne pas dire avec eux que la possession de l'autorité souveraine est consacrée, & devient un droit, par le consentement tacite qui résulte de la soumission effective & paisible des sujets ?

Pourquoi cette explication est ici rejettée ? c'est qu'il faut bien se garder de fonder le droit des Souverains, & la tranquillité publique sur un sable mouvant. C'est que le moindre souffle renverseroit un aussi fragile édifice. Tous les membres de chaque état y seront d'autant plus vivement & solidement affectionnés au Souverain, qu'ils auront une idée plus claire & plus sûre de l'origine & de la réalité

réalité de son droit. Au contraire, l'explication alléguée de la formation de ce droit en le rendant incertain, en affoiblit beaucoup l'impression ; parce que cette explication est erronée, & par-conséquent ténébreuse, & par ce que l'erreur qu'elle renferme, se laisse entrevoir & se fait sentir, sans qu'on ait besoin de s'appliquer à la discerner : il ne faut pas d'ailleurs pour cela beaucoup d'effort.

On raisonne juste dans le droit civil, lorsqu'après un certain tems écoulé sans réclamation, on y regarde comme ratifiés par un consentement tacite des engagemens extorqués ou surpris. Mais le délai, pour réclamer contre des actes qui contiennent de tels engagemens, le droit civil le fait-il courir du jour même des actes ? non. Ce délai qui, dans nos loix est de dix ans, ne commence à courir que du jour où l'artifice & le dol ont été découverts, ou du jour que la violence a cessé. Faut-il en dire la raison ? c'est qu'il seroit insensé, déraisonnable de se déterminer fans motifs à rapporter à la volonté, ce qui pourroit provenir d'une autre caufe, c'eft-à-dire, de l'impuiffance d'agir.

Ainfi, dans chaque état, & dans les états fur-tout, où le calme regne depuis longtems, il faut regarder comme volontaire & fpontanée, la foumiffion des fujets à leur Souverain; mais, c'eft en fuppofant l'acquiefcement des fujets aux vues de la raifon, qui, dans la poffeffion de leur Souverain, leur montre un véritable droit. S'il falloit laiffer à l'écart l'acquiefcement des fujets à la réalité du droit que l'affertion de la raifon produit en faveur des Souverains, & chercher le principe de ce droit dans la tacite reconnoiffance des fujets, déduite de leur foumiffion effective & paifible, il n'exifteroit aucun motif, qui permît d'attribuer leur foumiffion à leur volonté libre & fpontanée. Pour que leur foumiffion cefsât pour lors de paroître forcée, il faudroit qu'ils fe correfpondiffent entr'eux, auffi parfaitement que les membres d'un être individuel, il faudroit qu'ils formaſſent, non pas une ſeule perſonne artificielle & morale, mais une ſeule perſonne naturelle ; en ſorte que l'un, pour faire adopter aux autres ſes idées, n'eut pas même à les leur communiquer. Juſques-là, leur ſoumiſſion pourroit toujours provenir de ce qu'ils s'enchaînoient mutuellement par leur incertitude ſur leurs diſpoſitions reſpectives.

Qui ne veut donc lier les ſujets au Souverain que par le conſentement tacite de ceux-ci, réſultant de leur paiſible ſoumiſſion, rencontre un éternel obſtacle à la ſolidité de ce lien, dans ce principe immuable de la raiſon & du droit civil ; on ne peut pas oppoſer la preſcription à ceux qui ne pouvoient pas agir. *Contra non valentem agere, non currit præſcriptio.*

Viendroit-il à l'eſprit de dire, ce n'eſt pas la paiſible ſoumiſſion des ſujets qui fait préſumer en eux la volonté d'y perſiſter, c'eſt l'extrême intérêt qu'ils ont à le vouloir, & c'eſt enſuite cette volonté raiſonnablement préfumée, qui change en droit la poffeffion des Souverains ?

Vaine fubtilité, vain détour! Il faut dire tout au contraire, l'acquiefcement qu'on ne peut s'empêcher de fuppofer de la part des fujets n'eft pas la caufe du droit des Souverains, & ce droit a précifément pour caufe ce qui force l'acquiefcement des fujets, & ce qui force de le fuppofer. En un mot, fuivant l'affertion de la raifon, la confidération de l'intérêt commun le plus effentiel, en produifant dans chaque État le droit des Souverains, & la néceffité morale de l'acquiefcement les fujets à la réalité de ce droit, autorife feule la fuppofition de cet acquiefcement.

Après la démonstration de la principale propofition de ce Difcours, après l'éclairciffement des difficultés qui l'ombrageoient, nouveau genre de preuves qui la rend plus re-

Ainsi s'établit, fur la ruine des objections qui la traverfoient, la principale propofition de ce Difcours; un nouveau genre de preuves va l'affermir encore ; ce fera le rapprochement des vérités qui font liées à cette propofition par une étroite affinité, qui dépendent des mêmes principes, & qui ne peuvent pas avoir par conséquent un plus haut degré de certitude.

Les principes, a-t-il été dit, d'où découle la dernière & la plus importante proposition à démontrer dans ce Discours, sont les premiers principes du droit naturel. Cette assertion n'est-elle pas en effet d'une vérité sensible? Quoi de plus recommandé par la nature à chaque homme en particulier que sa conservation & celles de ses semblables? La commisération, ou la répugnance à voir périr ou souffrir son semblable, est une affection aussi naturelle à l'homme que l'amour de lui-même.

Mais les Auteurs ne définissent pas tous de la même manière le droit naturel, il faut dissiper la confusion & l'obscurité que doivent occasioner deux définitions différentes d'un même sujet ou d'un même terme.

Les uns appellent droit naturel les penchans innocens que les hommes auroient eu dans un état de nature qu'on pourroit imaginer avoir

commendable.

1º. Les principes d'où découle la principale proposition de ce Discours sont les premiers principes du droit naturel.

Q 3

précédé l'établissement des sociétés, & la collection des régles que la raison auroit pu prescrire aux hommes dans cet état seulement.

Les autres appellent droit naturel tous les penchans innocens que la nature inspire aux hommes, joints à la collection des régles que la raison leur enseigne dans quelqu'état que ce soit. Ces deux définitions du droit naturel sont différentes sans être contraires.

Dans l'union de ces deux mots, droit naturel, les uns regardent celui qui sert de qualification, comme propre à désigner l'origine du droit, c'est-à-dire, le moyen par lequel nous le connoissons, qui n'est autre que la raison naturelle qu'on appelle encore instinct moral, quand on la considere dans ses vues les plus simples & les moins combinées.

Selon ceux-ci, le moyen par lequel le droit se manifeste à nous, étant toujours le même, la domination qui désigne ce moyen ne doit pas être employée pour qualifier quelque partie du droit, pour distinguer par exemple ce que nous en aurions connu dans un certain état, de tout ce que nous en connoiffons dans un autre état, toujours à l'aide du même moyen.

Ceux-là veulent faire un double ufage du même terme; ils ne défavouent pas que l'inftinct moral, ou plutôt la raifon naturelle, ne foit l'unique moyen par lequel, dans un état comme dans un autre, nous connoiffons le droit. Mais dans l'union de ces deux mots, *droit naturel*, le dernier ne leur paroît pas moins analogue à cet état primitif qu'on pourroit imaginer avoir précédé l'établiffement des fociétés, qu'au moyen par lequel nous connoiffons le droit. Par une fuite de cette idée, ils veulent faire fervir le même terme, fuivant fa double analogie, & le réfervent en conféquence pour qualifier cette partie du droit, qu'avant l'établiffement de la fociété l'homme auroit pu connoître, par le même moyen qui lui dévoile, tout ce qu'il en connoît dans l'état de fociété.

Ceux qui prétendent employer la même

Q 4

dénomination suivant les deux diverses analogies dont elle est susceptible, diffèrent sans doute de ceux qui se bornent à l'employer suivant une seule de ses analogies. Mais, cela n'opère entr'eux aucune contrariété foncière & réelle. Ils s'accordent même par rapport à l'analogie selon laquelle ils employent également le même terme.

Voici seulement ce qu'il faut observer. Dans l'union de ces deux mots, *droit naturel*, le dernier mot étant employé comme analogue à cet état de nature qu'on pourroit imaginer avoir précédé l'établissement des sociétés & dans lequel l'homme n'auroit connu qu'une très-petite partie du droit, ce mot circonscrit cette partie du droit pour en former une espèce particulière.

Au contraire comme analogue au moyen par lequel le droit nous est connu, la même domination est générique, & comme telle, elle embrasse toutes les parties du droit.

Comme générique dans cette seconde analogie, ce mot appellatif convient donc à cette partie du droit qui nous auroit été manifestée dans l'état de nature, mais il ne peut pas en devenir, dans cette seconde analogie, la dénomination propre & caractéristique & distinctive ; de même que ce mot, l'*humanité*, convient à chacun des deux sexes, & n'est la dénomination distinctive d'aucun des deux en particulier.

Ainsi dans l'union de ces deux mots, *droit naturel*, quand le dernier est employé seulement comme analogue au moyen par lequel nous pouvons connoître le droit dans quelque état que ce soit ; pour lors il conserve son caractere de terme générique, & peut être la dénomination propre caractéristique & distinctive de tout le droit.

Mais quand le même mot est employé comme analogue à la qualité de l'état dans lequel une certaine partie du droit nous eut été manifesté, & comme analogue en même-tems à la qualité du moyen par lequel, dans le même état, cette partie du droit nous eut été manifeſtée ; ce mot pour lors, eſt, & n'eſt pas tout-à-la-fois la dénomination propre & diſtinctive d'un même objet ; ce qui cauſe une confuſion preſqu'inévitable dans les idées.

Ce terme, comme relatif à la qualité de l'état dans lequel certaine partie du droit nous eut été manifeſtée, eſt une dénomination propre & diſtinctive de cette partie du droit, mais comme relatif à la qualité du moyen par lequel, dans cet état, cette partie du droit nous eut été manifeſtée, le même terme ne peut en être une dénomination propre & diſtinctive. Nulle partie du droit ne mérite plus que les autres d'être appellée naturelle, relativement à ſon origine, ou relativement au moyen qui nous la fait connoître.

Avant l'établiſſement des ſociétés, la raiſon eut-elle fait partie de la nature de l'homme, autrement qu'elle en fait partie depuis cet établiſſement ? Quand elle dirige l'homme dans telle ou telle autre poſition, & ſur un point ou ſur un autre, eſt-elle plus ou moins ſon unique flambeau naturel? Selon les divers objets auxquels la raiſon s'applique, les régles qu'elle enſeigne peuvent donc recevoir différens noms, mais l'origine de toutes ces régles étant la même, on ne peut pas annoncer leur commune origine par des noms différens, on ne doit pas par une définition ſpéciale, arroger à quelque partie du droit la dénomination qui caractériſe une origine, qu'elle partage avec toutes les autres parties du même droit. On ne doit pas, en un mot, diſtinguer des eſpèces dépendantes d'un même genre, par ce qu'elles ont de commun par le nom même du genre.

Le droit appellé naturel & relativement à l'état dans lequel il nous eut été manifeſté, & relativement au moyen par lequel il nous eut été manifeſté, n'eſt donc qu'une branche du droit naturel, ainſi nommé ſeulement par rapport à ſon origine, par rapport au moyen

par lequel il nous est manifesté. De même le droit politique, le droit civil, le droit criminel, le droit des gens, sont encore autant de branches du droit naturel ainsi nommé par rapport à son origine. « La loi, dit aussi M.
» de Montesquieu, n'est que la raison hu-
» maine en tant qu'elle gouverne tous les peu-
» ples de la terre, & les loix politiques ci-
» viles & criminelles, ne sont que les divers
» cas où cette raison s'applique ».

Les Auteurs qui sont divisés sur la définition du droit naturel peuvent donc se concilier parfaitement ; ils pourroient cesser de se faire des reproches mutuels. En employant ces mots droit naturel dans une signification spécifique, les uns peuvent juger dignes du nom de loix, celles d'entre les loix civiles qui paroîtroient opposées à ce qu'ils appellent loix naturelles, c'est-à-dire, à celles qui n'auroient eu trait qu'à l'état hypothétiquement antérieur à l'établissement des sociétés. Les autres par qui les mêmes mots *droit naturel* sont toujours employés dans une signification générique, doivent proscrire toute loi sociale évidemment contraire à la loi naturelle, c'est-à-dire, à la raison.

Le droit n'est pas ici représenté comme s'il consistoit dans les seules régles positivement établies, ou qui sont d'un usage ordinaire & journalier, en voici le motif.

» Les êtres particuliers, intelligens, dit
» M. de Montesquieu, peuvent avoir des
» loix qu'ils ont faites, mais ils en ont aussi
» qu'ils n'ont pas faites ; avant qu'il y eut
» des êtres intelligens, ils étoient possibles,
» ils avoient donc des rapports possibles, &
» par conséquent des loix possibles ; avant
» qu'il y eut des loix faites, il y avoit des
» rapports de Justice possibles ; dire qu'il
» n'y a rien de juste ni d'injuste que ce qu'or-
» donnent ou défendent les loix positives,
» c'est dire qu'avant qu'il y eût de cercle tra-
» cé, tous les rayons n'étoient pas égaux.

» Il faut donc avouer des rapports d'é-

» quité antérieurs à la loi positive qui les éta-
» blit, comme, par exemple, que, supposé
» qu'il y eût des sociétés d'hommes, il se-
» roit juste de se conformer à leurs loix ; que,
» s'il y avoit des êtres intelligens qui eussent
» reçu quelque bienfait d'un autre être, ils
» devroient en avoir de la reconnoissance ;
» que, si un être intelligent avoit créé un
» être intelligent, le créé devroit rester dans
» la dépendance qu'il a eu dès son origine ;
» qu'un être intelligent, qui a fait du mal
» à un être intelligent, mérite de recevoir le
» même mal, & ainsi du reste.

En général, quand il est ici question du droit naturel, cette qualification est toujours envisagée comme relative au moyen par lequel le droit nous est manifesté. Le droit naturel comprend ici tout ce que la raison naturelle nous enseigne & nous prescrit.

Cependant il est encore vrai que les principes fondamentaux du droit politique appartiennent au droit naturel, ainsi nommé par rapport à l'état dans lequel il nous eut été manifesté, comme ils appartiennent au droit naturel ainsi nommé par rapport au moyen qui nous le fait connoître.

Ils appartiennent au droit appellé naturel dans une signification spécifique, lors même qu'on fait abstraction de la considération, qu'il est une branche du droit appellé naturel dans une signification générique. En supposant que les loix, qui doivent être appellées naturelles, soient celles que la raison & l'instinct moral auroient fait connoître aux hommes dans un état hypothétiquement antérieur à l'établissement de la société, dans cette supposition même, il faut dire encore que ces loix ou ces affections naturelles sont les principes fondamentaux du droit politique. Qui voudroit dire en effet, qu'avant l'établissement de la société, l'instinct moral & la raison humaine auroient laissé l'homme sans intérêt & sans affection pour sa propre conservation, & pour celle de ses semblables ? Qui voudroit dire qu'avant l'établissement des sociétés l'inſtinct moral & la raiſon humaine n'auroient pas eu la même direction & le même but qu'ils ont à préſent ?

2°. Les principes qui fondent le droit des Souverains ſont les ſeuls principes juſtificatifs du droit de propriété publique & particulière.

Les principes qui ſervent de baſe au droit politique, a-t-il été dit encore, ſont auſſi l'unique baſe du droit de propriété publique & particulière, il eſt aiſé de le prouver.

Faites porter le droit de propriété ſur le droit de premier occupant, &, comme de raiſon n'accordez ce droit au premier occupant qu'en conſéquence de ſon travail ; comme de raiſon encore n'étendez pas ce droit au-delà du beſoin ; au même inſtant vous découvrirez l'inſuffiſance de cette explication, vous y ſentirez du faux, même avant de l'avoir démêlé.

Dans cette explication, le droit de propriété publique devient incertain comme la proportion entre les beſoins d'une nation & l'étendue de pays qu'elle occupe eſt incertaine.

De

De plus, le travail doit donner droit aux fruits du travail plutôt qu'à la propriété du fonds cultivé. Les richesses même que produit le terrain occupé par une nation, ne sont pas uniquement le fruit de son travail. l'homme n'a pas planté les forêts dont la terre est couverte; il n'a pas peuplé les forêts, les rivieres, les bords des mers de tous les animaux qu'il approprie à son usage.

Comment donc les premiers possesseurs d'un fonds nécessaire à leurs besoins ont-ils pu se croire en droit d'en exclure à l'avenir tous les survenans, à qui ce fonds n'étoit pas moins nécessaire ? Si la raison d'exclusion ne peut avoir été tirée de la possession accompagnée du travail, parce que le travail, qui ne doit pas donner un droit durable & permanent, ne s'étend jamais à tous les objets de possession, si la raison d'exclusion ne peut pas encore avoir été tirée de l'antériorité de possession accompagnée d'un besoin réel, parce que ce besoin a toujours été commun à ceux sur qui l'exclufion devoit tomber ; la raifon d'exclufion ne peut pas non plus avoir été tirée de la feule antériorité de poffeffion. L'auteur de la nature ayant donné la terre à tous les hommes en commun, pour annoncer une dérogation tacite à cette communauté naturelle, il faut au moins alléguer quelque motif capable d'avoir engagé la raifon à reconnoître la réalité de cette dérogation tacite, ou plutôt à la fuppléer par fa fuprême autorité.

S'il eft donc vrai, qu'entre les peuples la poffeffion des uns eft ordinairement un titre d'exclufion contre tous les autres, cette poffeffion ne tire pas fon efficacité d'elle-même, comme dans le droit civil ; la poffeffion fuffifante pour opérer la prefcription, ne tire pas fon efficacité d'elle-même & n'eft pas le motif qui fait admettre la prefcription.

Il faut remonter aux principes fondamentaux du droit politique, qui sont les premiers principes du droit naturel, pour y découvrir la véritable base du droit de propriété publique & particuliere. On ne peut s'empêcher de la reconnoître dans l'ensemble des considérations suivantes.

La conservation du genre humain, & de chaque homme en particulier, demande que les hommes continuent de vivre en société sous la direction d'un pouvoir humain.

La conservation du genre humain, & de chaque homme en particulier, demande que les diverses sociétés politiques aient chacune leur domaine & leur territoire, parce que les sociétés d'hommes ne pourroient pas plus subsister sans territoire que sans gouvernement, à moins que le brigandage ne fut leur unique occupation & leur unique ressource pour subsister, ce qui feroit périr le genre humain par la misere & par le fer meurtrier.

La confervation du genre humain, & de chaque homme en particulier, demande que les diverfes nations ne fe conftituent pas juges les unes des autres fur la proportion ou difproportion de leurs territoires à leurs befoins, parce que cela deviendroit une fource intariffable de guerres interminables.

Il n'a jamais été poffible qu'entre des nations qui fe font formées à mefure que les hommes fe font multipliés, qui ne fe connoiffoient pas, qui ne connoiffoient pas l'étendue de notre globe, il fe fit un jufte & régulier partage de la terre.

Quand même un tel partage auroit été poffible, il auroit fallu prévoir que les guerres en changeroient l'économie. Quand même il auroit eu lieu, les guerres en auroient en effet changé l'économie, & l'intérêt du genre humain auroit demandé que pour remonter au premier partage on n'eût pas fait naître les guerres des guerres mêmes.

Quand un tel partage auroit été poffible, fans faire même attention aux fuites des guerres, il auroit encore fallu prévoir que fa jufte économie ne pourroit demeurer conftante, elle auroit dépendue de la proportion entre le territoire & les befoins, & cette proportion auroit varié fans ceffe, fuivant l'accroiffement ou le décroiffement de la population fur chaque territoire, & fuivant l'accroiffement ou le décroiffement de la fertilité des territoires.

La poffeffion doit donc déclarer & fixer la mefure & l'étendue de la propriété territoriale de chaque peuple, lorfqu'aucun autre titre ne peut la fixer, & lorfque le motif le plus impofant, l'intérêt du genre humain, fonde en faveur de chaque peuple un droit général de propriété, dont il ne refte plus qu'à déterminer la mefure. En un mot, l'intérêt du genre humain & de chaque homme en particulier, après avoir fondé d'abord en général, en faveur de chaque peuple, un droit de propriété territoriale fans en régler la mesure, confacre la poffeffion & lui donne carractère pour fixer & régler la mefure de cette propriété. C'eft ainfi que l'intérêt commun effentiel & manifefte, devient une loi commune, évidente & ftrictement obligatoire. Voilà le véritable fondement du droit d'une nation fur le territoire qu'elle poffede, & de l'obligation où font les étrangers à cette nation de respecter fa poffeffion, comme un titre de propriété.

Appuyé fur une bafe auffi refpectable, le droit de propriété publique devient fi ferré qu'une multitude d'hommes venant à fortir d'un pays qui ne fuffit pas à fa fubfiftance, fes befoins ne lui fervent pas de titre pour envahir & s'approprier le territoire d'une autre nation. Malgré leur nombre & leur indigence, ces hommes doivent refpecter le droit naturel dans les inftitutions politiques, & dans le droit de propriété dont il eft le principe. Ils doivent respecter des institutions dont eux-mêmes ont joui, qui les ont conservés.

Ils ne peuvent pas, ainsi qu'on l'a vu précédemment, se constituer juges de la proportion entre l'étendue d'un territoire & le nombre de ses habitans.

Mais en respectant le droit naturel dans les institutions dont il est évidemment le principe, sans doute ces étrangers peuvent l'invoquer & le réclamer. Ils peuvent demander en qualité d'hommes que d'autres hommes, sans s'incommoder eux-mêmes, pourvoient à leur subsistance. Ils peuvent demander que du moins une partie d'entr'eux soit incorporée dans la nation à laquelle ils s'adressent, le reste devant trouver un asyle chez les autres nations.

Il est juste aussi qu'ils se soumettent aux précautions qu'exige une incorporation semblable ; s'ils s'y refusent, on est en droit de les repousser & de les combattre. Il seroit imprudent par exemple de ne pas les disperser.

Quel seroit ensuite le peuple abominable qui n'ayant plus rien à redouter de leur part, abuseroit contre eux de leur dispersion ?

Il se trouveroit plutôt un peuple aveugle qui voudroit renfermer dans son propre cercle les droits de l'humanité. Un tel peuple s'attireroit une guerre qui seroit juste de la part de ces étrangers, parce qu'il abuseroit de sa propriété jusqu'à méconnoître & violer le principe même de son droit de propriété, & l'essentielle condition sans laquelle ce droit ne peut absolument exister.

Origine du droit de propriété des particuliers.

DANS les membres particuliers d'un État, relativement aux citoyens d'un autre État, le droit de propriété suit de ce que la propriété publique couvre toutes les propriétés particulieres.

Relativement aux citoyens d'un même État, le droit de propriété dans les particuliers suit encore de ce qu'ils sont tous étroitement obligés d'obferver les loix de l'État dont ils font les membres. Les loix civiles de chaque État y réglent l'ordre felon lequel toute propriété particuliere peut s'acquérir, fe conferver & fe tranfmettre.

Les terres des particuliers reunies & contiguës compofent donc le territoire national ; cependant le droit de propriété de la cité ne réfulte pas pour cela de quelque droit de propriété que les particuliers foient cenfés avoir eu fur leur poffeffion, & qu'ils ayent tranfmis à la cité. Le droit de propriété des particuliers, & le droit de propriété de la cité font nés immédiatement de la même caufe. En un mot, ils ont l'un & l'autre pour principe l'affertion de la raifon, affertion forcée par un motif irréfiftible, par le plus grand intérêt de tous & de chacun.

Dans les différentes fociétés politiques, la claffe des propriétaires eft ordinairement la moins nombreufe; cependant l'autre claffe a le plus grand intérêt au maintien du droit de propriété publique & même particuliere ; parce qu'elle a le plus grand intérêt au maintien de la société qui conserve les associés, qui féconde leurs talens & leur industrie, qui multiplie les genres de propriété, qui donne à tous les associés l'espérance & les moyens d'en acquérir quelqu'une, qui les rend toutes communes par l'échange & la circulation des fruits qu'elles produisent, qui ne permet pas sur-tout, qu'en travaillant, ou lorsqu'il est dans l'impuissance de travailler, un associé soit privé du nécessaire.

Ce dernier trait, il est important de l'observer, n'indique pas seulement un avantage que la société donne lieu d'espérer, il rappelle une dette qu'elle est indispensablement tenue d'acquitter, il rappelle une condition inhérente au droit de propriété publique & particuliere ; condition sans laquelle il est impossible de concevoir l'existence d'un pareil droit, condition évidemment renfermée dans le motif ou dans la cause de ce droit.

Les chefs de la société sont sans doute spécialement chargés d'en acquitter toutes les dettes & de prendre à cet effet les mesures convenables. Cette dette-ci néanmoins est de nature à s'attirer aussi l'attention des particuliers qui doivent en proportion de leurs moyens assister les malheureux, non seulement parce qu'ils doivent les regarder comme leurs freres selon la nature & la religion, mais aussi pour remplir la condition sous laquelle ils ont un droit de propriété, tellement digne du nom de droit, que la force publique, presque toute occupée à le défendre, peut légitimement frapper de sa foudre ceux qui le violent.

De cela seul que les loix humaines se rapportent presqu'uniquement au maintien de la propriété publique & particuliere, de ce que les ventes, les échanges, les donations, les successions, les testamens sont les suites & l'extension du droit de propriété, n'est-il pas déja permis de conclure que le principe fondamental du droit des Souverains, c'est-à-

3°. Les principes qui servent de base au droit des Souverains sont par une double raison les principes fondamentaux de toutes les loix humaines.

dire, le plus grand intérêt de chacun des membres de chaque État, est nécessairement le principe fondamental des loix humaines, puisqu'il est le principe fondamental du droit de propriété publique & particulière ?

La même vérité néanmoins est confirmée par une seconde preuve plus générale, par les principes posés dans la premiere partie de ce discours, touchant la nature du pouvoir législatif humain & des loix humaines, en un mot par la définition même de ces loix & de ce pouvoir. Tout législateur humain étant sujet à l'erreur, comment ses décisions sont-elles des loix ? Comment se fait-il qu'elles doivent être envisagées comme des conséquences des régles primitives de la justice, quoiqu'elles n'y soient pas évidemment conformes, pourvu qu'elles n'y soient pas évidemment contraires ? Comment est-il juste que l'intelligence des uns s'abaisse devant l'intelligence de leurs semblables ? C'est uniquement, a-t-il été dit, parce que la raison est forcée de reconnoître pour chaque État l'absolue nécessité d'un Législateur humain autre que l'unanimité des suffrages de tous les membres de l'État ; c'est uniquement parce que le plus grand intérêt de tous & de chacun détermine la raison à créer dans les Souverains un droit législatif, ainsi qu'il la détermine à créer en eux un droit coactif, ainsi qu'il la détermine enfin à créer le droit qui constitue chaque Souverain en particulier & qui produit la nécessité morale de le reconnoître pour tel.

Toujours plus dominant, plus impérieux, le plus grand intérêt de tous & de chacun principe fondamental du droit des Souverains, comme du droit de propriété publique & particuliere, comme aussi de toutes les loix humaines, est en même-tems le seul principe propre à justifier les plus importantes de ces loix.

4°. Les élémens dont est formée la principale proposition de ce Discours sont les seuls principes justificatifs des plus importantes loix civiles & criminelles.

C'est l'unique rayon de lumière qui nous éclaire sur l'adhésion de la Justice à la prescription introduite en matière civile.

Ce principe de même nous éclaire seul sur l'adhésion de la Justice à la régle qui défend d'alléguer pour excuse l'ignorance des loix ou de leurs conséquences, & qui, sans égard pour ce genre d'excuse, laisse subsister les engagemens contractés par des citoyens obscurs dont la condition garantit l'ignorance absolue en fait de loix & de Jurisprudence.

Mais, sur-tout, c'est uniquement à la lumière de ce principe que nous appercevons la liaison de la Justice avec les loix criminelles, lorsqu'elles exposent l'innocent à périr légalement couvert de tout l'opprobre du crime, lorsqu'elles font dépendre de la preuve testimoniale les comdamnations infamantes & capitales.

La défectuosité de la preuve testimoniale est attestée hautement par les loix elles-mêmes. Quoique l'intérêt pécuniaire ne puisse être mis en comparaison avec l'honneur & la vie, cependant, tandis que la preuve testimoniale est du plus grand usage en matière criminelle, elle est presqu'entiérement prohibée en matière purement civile. Pour qu'elle soit admise parmi nous dans les procès civils, il faut que l'objet litigieux soit au-dessous de la valeur de cent livres, elle est rejettée dans tous les autres cas où celui qui requiert cette preuve auroit pu s'en procurer une d'un autre genre & tout-à-fait sûre.

La défectuosité de la preuve testimoniale est encore plus formellement attestée par nos loix. Elles prévoient le crime de faux témoignage & celui de subornation de témoins.

Cependant, les crimes sont des faits dont on ne peut s'attendre à trouver des preuves par écrit, à moins que plusieurs complices d'un même forfait ne se soient concertés par lettres, ou ne se soient bizarrement assurés les uns des autres par des promesses écrites. Si la loi ne pouvoit donc exposer un homme à perdre l'honneur & la vie, à moins que l'accusation intentée contre lui ne fût infailliblement démontrée ; si l'immuable Justice l'ordonnoit ainsi par une disposition absolument inflexible, il s'en suivroit l'inconvénient le plus extrême, sçavoir une impunité générale ou presque générale, impunité qui multiplieroit les crimes presqu'à l'infini.

» Parce que les hommes sont méchans, » dit M. de Montesquieu, rapprochant ce » qui trompe de ce qui doit éclairer, la loi » est obligée de les supposer meilleurs qu'ils » ne sont, ainsi la déposition de deux témoins » suffit dans la punition de tous les crimes, » la loi les croit, comme s'ils parloient par » la bouche de la vérité même ».

La dépravation humaine qui fait craindre de se fier au témoignage des hommes dans les causes criminelles, doit donc faire juger que la société seroit inondée d'un déluge de crimes, sitôt que les crimes ne pourroient être punis qu'autant qu'ils seroient rigidement démontrés, cela posé, dans l'alternative de deux inconvéniens à redouter, par suite de

la

la dépravation humaine, la raifon prefcrit néceffairement de choifir le moindre.

Pour le plus grand intérêt de tous & de chacun, la raifon prefcrit d'expofer l'homme au rifque de fuccomber fous de fauffes dépofitions, parce que c'eft un rifque prefqu'idéal, & dont avec raifon perfonne ne fonge à s'effrayer, parce que le citoyen, dans une telle fituation, eft moins en péril que fi fa vie étoit expofée à tous les attentats qui la menaceroient, lorfque les attentats ne feroient punis qu'autant qu'ils feroient démontrés.

En un mot, les loix criminelles n'expofent la vie de l'innocent, que pour la confervation même de fa vie.

Quel ufage, enfin, M. de Montefquieu n'a-t-il pas fait du même principe annoncé pour être le principe fondamental du droit des Souverains ; Quelles difficultés n'a-t-il pas fçu dénouer à l'aide de ce principe ? A quelles régles ne l'a-t-il pas fait fervir d'exception ?

5°. Les principes qui fervent de bafe au droit politique ont fervi par-tout à M. de Montefquieu de guide, de régle & de mefure.

La principale clef du livre de l'esprit des loix, ou de la plus sublime production qu'ait enfanté l'esprit humain, est cette maxime : Le salut du peuple est la suprême loi. Ce grand ouvrage rentre tout entier dans cette maxime. C'est l'idée générale qu'en a dû prendre quiconque se flatte de l'avoir compris, & d'avoir saisi l'enchaînement de toutes ses parties. C'est l'idée générale que doivent en avoir fait prendre tant de passages qu'il en a déja fallu citer, c'est enfin l'idée générale qu'en feront prendre encore plus facilement les nouveaux traits qu'il va fournir & qui termineront une discussion où dès-lors le raisonnement aura toujours été confirmé par le témoignage & l'autorité du plus grand publiciste.

1°. M. de Montesquieu interdit, pour le plus grand intérêt de tous & de chacun, les soulévemens contre le Despotisme malheureusement établi.

Voyez d'abord M. de Montesquieu lancer d'une main ses traits enflammés contre le Despotisme, & le soutenir de l'autre main, & noter scrupuleusement tout ce qui peut le faire subsister lorsqu'il est une fois établi.

Il diſtingue le Deſpotiſme d'un ſeul & le Deſpotiſme de pluſieurs. Il voit le Deſpotiſme de pluſieurs emprunter vainement le nom d'Ariſtocratie, non ſeulement lorſqu'une partie de la puiſſance légiſlative eſt unie dans un même corps à la puiſſance de juger, mais encore lorſque ces deux puiſſances ſont ſéparées & confiées à des corps particuliers qui compoſent le corps des Nobles.

Après cette diſtinction, il fait briller une lueur d'eſpérance aux yeux des peuples triſtement aſſervis au Deſpotiſme d'un ſeul; il leur fait entendre qu'éclairé par ſes propres lumières, ou par celles de ſes Miniſtres, un Deſpote unique pourra ſentir que du côté même de l'étendue d'autorité, & ſur-tout du côté de ſa ſûreté perſonnelle, il gagnera beaucoup à changer la nature & le principe de ſon Gouvernement à devenir légiſlateur, au lieu d'être la loi même, & de partager cette prérogative avec tous ſes ſuppots. Révolution toutefois qui, dirigée par le Souverain, ne feroit pas encore exempte de péril pour lui-même & pour l'État. Cet espoir, M. de Montesquieu le confirme par l'exemple récent du Gouvernement Russe.

Comme dans les États soumis au Despotisme de plusieurs, il n'est pas possible que tous les membres du Souverain veuillent dénaturer eux-mêmes une constitution qui, pour leur intérêt commun, tant qu'ils se considereront comme membres du Souverain, ne leur paroîtra jamais susceptible de devenir meilleure; comme, en ce sens, le Despotisme de plusieurs est plus funeste que le Despotisme d'un seul, M. de Montesquieu fait remarquer aussi que par une sorte de compensation, le Despotisme de plusieurs, quand l'Aristocratie est en pleine vigueur, est moins oppressif que le Despotisme d'un seul. » Si la
» pure Aristocratie héréditaire des Républi-
» ques d'Italie ne répond pas précisément au
» Despotisme Asiatique, c'est, dit-il, parce
» que la pluralité des Magistrats adoucit la

» Magiſtrature. Tous les Nobles ne concou-
» rent pas toujours aux mêmes deſſeins. »
Il eſt donc évident qu'il a dit, la pluralité
des Magiſtrats, pour faire entendre la pluralité des Deſpotes.

Il n'ignore pas après tout, que ſi les deux
eſpèces de Deſpotiſme ont chacune, l'une
relativement à l'autre, un avantage particulier, toute conſtitution deſpotique n'en eſt
pas moins une conſtitution abſurde qui répugne à la nature de l'homme, & qui doit
être réputée illégitime, lorſqu'elle eſt conſi-
dérée ſeulement ſelon ſa valeur intrinſéque
ou comparée avec les autres conſtitutions.

Cependant M. de Monteſquieu dit formellement, dans ſes Conſidérations ſur les cauſes
de la grandeur & de la décadence des Romains, « qu'une mauvaiſe conſtitution doit
» être maintenue. » Et, dans l'Eſprit des Loix,
quoiqu'il n'épargne aucune flétriſſure au Gouvernement deſpotique, il fait bien connoître
que le plus grand intérêt de tous les membres

d'un État soumis à cet odieux Gouvernement, leur fait un devoir de le respecter, & de se garder d'y porter atteinte.

A la vérité, la qualité des moyens qu'il fait servir au maintien du Despotisme, en est une amère censure. Mais il ne veut pas moins insister sur la nécessité de conserver & d'entretenir le principe de cette constitution, lorsqu'elle est malheureusement établie ; il sent bien que la continuation du Despotisme ne sauroit être plus funeste qu'une suite de révolutions & de guerres dont on ne pourroit prévoir ni le terme ni l'issue. Il indique des positions où, pour empêcher de plus grands maux, le Despotisme d'un seul est un mal nécessaire. Il l'indique aux peuples pour remède contre l'extrême oppression dans une Aristocratie dégénérée. Ainsi déclare-t-il que ce fut le salut du monde après l'extension démesurée des conquêtes des Romains.

Il fait observer enfin qu'un peuple accoutumé depuis longtemps au Despotisme, ne

s'adopteroit pas tout-à-coup, & sans aucune crise, à la constitution réglée & tempérée qu'on voudroit lui donner. » Pourquoi, dit-
» il, l'éducation s'attacheroit-elle dans l'état
» despotique à former un bon citoyen qui
» prît part au malheur public ? S'il aimoit
» l'État, il seroit tenté de relâcher les ressorts
» du gouvernement. S'il ne réussissoit pas,
» il se perdroit. S'il réussissoit, il courroit
» risque de se perdre, lui, le Prince, &
» l'Empire.

AUTRE objet encore à l'égard duquel, selon M. de Montesquieu, si le plus grand intérêt de tous & de chacun l'eût exigé, l'équité naturelle & l'humanité se seroient désisté de leur vœu, le plus pressant & le plus manifeste. Jusqu'à ces derniers temps, la question ou torture pouvoit être décernée, non contre des criminels convaincus seulement, mais contre des accusés, à l'effet de completter la preuve qui n'auroit pas suffi pour les faire condamner.

2°. M. de Montesquieu admettroit l'usage de la torture pour supplément de preuve, si le plus grand intérêt de tous & de chacun le demandoit.

S'il étoit infiniment rare que les Juges recouruſſent à cette étrange ſource de lumiere & d'inſtruction, il falloit encore qu'elle leur fût entiérement fermée, comme l'a ſagement décidé depuis peu d'années notre auguſte Légiſlateur.

Parmi les réclamations antérieures à ce nouvel ordre, celle de M. de Monteſquieu faiſoit entendre le ton ſimple & naturel de la ſageſſe & de la raiſon. » Parce que les hommes » ſont méchans, la loi, diſoit-il, eſt obligée » de les ſuppoſer meilleurs qu'ils ne ſont, » ainſi la dépoſition de deux témoins ſuffit » dans la punition de tous les crimes. La » loi les croit, comme s'ils parloient par la » bouche de la vérité. L'on juge auſſi que » tout enfant conçu pendant le mariage eſt » légitime, la loi a confiance en la mere, » comme ſi elle étoit la pudicité même; mais » la queſtion contre les criminels n'eſt pas » dans un cas forcé comme ceux-ci.

» Nous voyons aujourd'hui une nation,

» très-bien policée, la rejetter sans inconvé-
» nient; elle n'est donc pas nécessaire par sa
» nature.

Quoique propre à devenir l'écueil de l'innocence, & le rempart du crime préparé de loin à la soutenir, la torture, selon M. de Montesquieu, devroit donc néanmoins être décernée contre les accusés qui ne seroient pas tout-à-fait convaincus, si le plus grand intérêt de tous & de chacun le demandoit, si *le cas* étoit *forcé*, s'il n'existoit aucun autre moyen de prévenir l'impunité générale, & le débordement de crimes dont elle seroit suivie.

Pour dernier trait, « l'esclavage qui rend
» un homme tellement propre à un autre
» homme, qu'il est le maître absolu de sa
» vie & de ses biens. » L'esclavage ainsi proprement nommé, seroit enfin, selon M. de Montesquieu, pleinement approuvé de la raison, s'il avoit pour cause le plus grand intérêt de tous & de chacun, & par conséquent

M. de Montesquieu reconnoît pour fondé en droit l'esclavage même s'il est quelque contrée où il soit fondé sur le plus grand intérêt de l'esclave.

le plus grand intérêt de l'esclave lui-même, & la faveur d'une aussi puissante considération, selon M. de Montesquieu, le pouvoir du maître se convertiroit en droit.

N'allons pas croire, que, dans les sept premiers chapitres du livre quinzième de l'Esprit des Loix, il cherche à découvrir, comment s'est établi de fait l'esclavage civil. Une pareille opinion seroit une méprise manifeste. Ces chapitres portent pour titre, *De l'origine du Droit de l'esclavage*, & le mot Droit, s'y trouve écrit en lettres majuscules.

Ces chapitres d'ailleurs ne sont employés qu'à discuter les raisons alléguées, ou qui pouvoient être alléguées pour justifier l'esclavage civil, & transformer en droit le pouvoir du maître.

Enfin, la question de savoir, si l'esclavage peut s'accorder avec la Justice, étoit une dépendance & faisoit partie du sujet traité par M. de Montesquieu. Il n'en étoit pas ainsi de la question de savoir comment à commencé l'esclavage civil.

Que décide donc M. de Montesquieu sur la premiere de ces deux questions, à l'examen de laquelle il s'est borné, comme il le devoit ?

Dans le premier chapitre du livre quinzième, il définit l'esclavage de la maniere dont il vient d'être défini. Dans le second chapitre il dit & prouve, que les Jurisconsultes Romains, pour mettre au rang des droits le pouvoir du maître sur l'esclave, s'appuyent sur des raisons qui ne sont point sensées.

» Le droit des gens a voulu, dit-il, que
» les prisonniers fussent esclaves pour qu'on
» ne les tuât pas; le droit civil des Romains
» permit à des débiteurs de se vendre eux-
» mêmes, & le droit naturel a voulu, que
» des enfans, qu'un pere esclave ne pouvoit
» plus nourrir, fussent esclaves.

» Or il est faux, répond-il, qu'il soit
» permis de tuer dans la guerre, autrement
» que dans le cas de nécessité. Et dès qu'un
» homme en a fait un autre esclave, on ne
» peut pas dire qu'il étoit dans la nécessité
» de le tuer, & qu'il ne pouvoit pas le faire
» prisonnier de guerre.

» Il n'est pas encore vrai qu'un homme
» libre puisse se vendre. La vente suppose
» un prix, l'esclave se vendant, tous ses biens
» entreroient dans la propriété du maître. Le
» maître ne donneroit donc rien, & l'esclave
» ne recevroit rien. Il auroit un pécule,
» dira-t-on, mais le pécule est accessoire
» à la personne.

» Enfin la troisième source du droit de
» l'esclavage, chez les Jurisconsultes Ro-
» mains, est la naissance ; & celle-ci dis-
» paroît avec les deux autres. Car, si un
» homme n'a pu se vendre lui-même, encore
» moins a-t-il pu vendre son fils qui n'étoit
» pas né. Si un prisonnier de guerre ne peut

» pas être réduit en servitude, encore moins
» ses enfans.

Le troisième chapitre du même livre quinzième, fait remarquer que, pour réduire les Américains en esclavage, les Espagnols se sont fait un droit absurde du mépris qu'ils ont conçu pour une nation dont le genre de vie & les coutumes différoient entiérement des leurs.

Le chapitre suivant fait voir que, pour réduire les Américains en servitude, les Espagnols se sont fait encore un droit absurde de la vérité de la religion chrétienne, & de l'avantage qu'ils auroient de travailler plus facilement à la propager.

» Louis XIII, est-il ajouté dans ce cha-
» pitre, se fit une peine extrême de la loi
» qui rendoit esclaves les Nègres de ses Co-
» lonies ; mais quand on lui eut bien mis
» dans l'esprit que c'étoit la voie la plus sûre
» pour les convertir, il y consentit.

[286]

Cette anecdote amene naturellement un autre chapitre qui démontre que les Européens feroient réduits à dire des choses ridicules s'ils prétendoient avoir eu droit de rendre les Nègres esclaves. Il soutiendroit ce droit, lui, M. de Montesquieu, parce qu'il montreroit la nécessité de faire défricher les vastes terres de l'Amérique par des esclaves tirés de l'Afrique, lorsque les peuples d'Europe ont exterminé les Américains. Il n'oublieroit pas la nécessité de tenir le sucre à bas prix. Il insisteroit sur la couleur des Nègres, sur la forme de leur nez, sur ce qu'il n'est pas vraisemblable que Dieu, la sagesse même, ait mis une ame, & sur-tout une ame bonne dans un corps tout noir. Il insisteroit sur la stupidité qui les rabaisse au point qu'ils font plus de cas d'un collier de verre que de l'or, qui, chez les nations policées est d'une si grande conséquence. Il feroit valoir la nécessité de supposer qu'ils ne sont pas des hommes, afin qu'on ne commence pas à croire que les supposant hommes & les tenant en esclavage, nous ne sommes pas nous-mêmes chrétiens. Enfin, il feroit bien sentir que de petits esprits exagerent trop l'injustice que l'on fait aux Africains ; « car si réellement elle étoit telle » qu'ils le disent, ne seroit-il pas venu dans » la tête des Princes d'Europe qui font entr'eux » tant de conventions inutiles, d'en faire une » générale en faveur de la miséricorde & de » la pitié » ?

Ainsi combat pour l'humanité, l'un des meilleurs hommes & des plus éclairés, employant avec une adresse merveilleuse au soutien d'une si belle cause le ridicule, l'arme la plus forte & la plus sûre contre les préjugés.

L'esclavage, sous ses différens aspects, loin d'être l'effet d'un ..., étant un outrage à la raison, ainsi qu'une plaie faite à l'humanité, M. de Montesquieu, dans les chapitres six & sept du même livre quinzième, indique enfin la véritable origine, ou la véritable cause du droit de l'esclavage, c'est-à-dire, le plus grand intérêt de l'esclave lui-même.

« A Achim, dit-il, tout le monde cherche
» à se vendre. Quelques-uns des principaux
» Seigneurs n'ont pas moins de mille escla-
» ves, qui sont des principaux marchands,
» qui ont aussi beaucoup d'esclaves sous eux,
» & ceux-ci beaucoup d'autres ; on en hérite
» & on les fait trafiquer. Dans ces états les
» hommes libres, trop foibles, contre le
» Gouvernement, cherchent à devenir les
» esclaves de ceux qui tyrannisent le Gouver-
» nement.

» C'est là l'origine juste & conforme à la
» raison de ce droit d'esclavage très-doux que
» l'on trouve dans quelques pays.

» Voici, continue M. de Montesquieu,
» une autre origine du droit de l'esclavage,
» & même de cet esclavage cruel que l'on
» voit parmi les hommes.

» Il y a des pays où la chaleur énerve le
» corps, & affoiblit si fort le courage, que
» les

» les hommes ne font portés à un devoir
» pénible, que par la crainte du châtiment.
» L'esclavage y choque donc moins la raison ».

Si l'homme libre fe refufoit donc au pénible travail que la nature demande de lui, fi la fociété, dont le maintien eft néceffaire à l'homme, ne pouvoit fubfifter que par l'inftitution & le maintien de l'efclavage; l'efclavage alors, felon M. de Montefquieu, feroit approuvé de la raifon, & le pouvoir du maître feroit un véritable droit.

La confidération du plus grand intérêt de tous & de chacun, étant ainfi d'une force à légitimer au befoin la torture décernée contre les accufés, l'efclavage civil, & le defpotifme ou l'efclavage politique, quelle force la même confidération n'a-t-elle pas, pour confacrer la poffeffion de chacun des Souverains individuels ou collectifs dans les conftitutions raifonnables & dignes d'entrer en parallele les unes avec les autres ?

Tom. II. T

L'objet de ce Difcours eſt donc entiérement rempli, l'explication qu'il contient de la formation du Droit des Souverains eſt accompagnée d'un concours de preuves qui la rendent indubitable.

Pour toute concluſion voici ce qu'il fuffira de faire obferver.

Conféquences générales de la nature du principe qui fonde le Droit des Souverains.

Le plus grand intérêt de tous & de chacun étant le principe fondamental du Droit des Souverains, eſt évidemment auſſi le principe fondamental, & la mefure des obligations dont les Sujets & les Souverains font chargés les uns envers les autres. Et la nature de ce principe garantit également l'énergie & la fainteté de ces obligations refpectives.

Combien font-elles preffantes & facrées, les obligations attachées au rang fuprême, lorfque le principe qui produit le Droit des Souverains ne le produit que conjointement avec leurs obligations, lorfqu'à l'exemple des pères, ils ne peuvent appercevoir leur droit que dans le centre des obligations dont il est enveloppé ?

D'un autre côté, quel anathême contre toute démarche séditieuse est pareillement renfermé dans la maxime qui dit, les Souverains sont pour les Peuples, & non pas les Peuples pour les Souverains ? Caligula, non plus que Néron, ne peut avoir dit qu'il souhaitoit que le genre humain n'eût qu'une tête, pour qu'il pût l'abattre d'un seul coup. Mais, chaque Souverain, individuel ou collectif, est comme la tête d'une portion considérable du genre humain. Quiconque provoque des soulévemens & des révolutions dans un État, remplit donc à sa manière l'horrible vœu que l'histoire ne peut imputer avec vraisemblance soit à Caligula, soit à Néron même.

S'il a donc été démontré que le Droit des Souverains n'est pas fondé sur des motifs qui leurs soient personnels, cette importante

T 2

vérité ne déprise & ne dégrade en rien leur augufte caractère. L'illufion & la flatterie ne leur prêteront jamais l'éclat dont la vérité les environne, quand elle identifie avec l'intérêt de tout le genre humain le refpect dû tant à leur autorité qu'à leur perfonne, quand elle fait fentir à chacun des membres de chaque État que le refpect & l'amour qu'ils portent tous au Souverain qui les gouverne, eft comme un élément, non moins néceffaire à leur confervation, que l'air même qu'ils refpirent.

F I N.

TABLE DES MATIERES.

TOME SECOND.

SUITE DE LA PREMIERE PARTIE. *Page* 1.

Partialité du peuple d'Athènes dans l'exercice du pouvoir législatif. *ibid.*

Idée générale que donne M. de Montesquieu de la conduite du peuple Romain dans l'exercice du pouvoir législatif. 2.

Traits particuliers de l'imprudence du peuple Romain dans l'exercice du pouvoir législatif. Premier trait : avoir pris les Juges dans l'ordre des Chevaliers, au lieu de continuer à lesprendre dans l'ordre des Sénateurs. 4 & 5.

Observation incidente. 14.

Le droit d'opposition qu'avoient les Tribuns de Rome, n'auroit pas dû être illimité. 16.

Il n'étoit pas sage de nommer les rédacteurs d'un corps de loix, seuls magistrats de la République. 17.

Parallele des différentes constitutions relativement à l'exercice de la puissance exécutrice. 20.

Les paſſions du Monarque peuvent lui faire perdre de vue ſes vrais intérêts, ceux de l'État ; les paſſions des Républicains leur font trahir les intérêts de l'État. Premier exemple : les penſionnaires de Philippe ; ſecond exemple, Aratus chez les Achéens. 20 & 21.

Un peuple entier peut ſe paſſionner pour les plaiſirs auſſi bien qu'un Monarque. 27.

Un peuple entier peut s'entêter comme un Monarque du deſir d'étendre ſon empire. 28.

Les Républiques ne ſe ſauvent ſouvent des guerres civiles qu'en ſe précipitant dans des guerres avec l'étranger. 29.

Parallèle des diverſes conſtitutions relativement aux ſubſtituts des différens Souverains. 31.

Quand le Monarque s'abandonne à ſes ſubſtituts, la Monarchie devient Ariſtocratie. *ibid.*

L'art de la flatterie fait arriver aux places dans la Démocratie comme dans la Monarchie. 32.

Dans la Démocratie, l'orgueil de la multitude qui la diſpoſe à écouter ſes flatteurs, l'a conduit à ſa ruine, en la rendant jalouſe de la magiſtrature. 33.

Dans une Démocratie, les Magiſtrats peuvent malverſer au préjudice du bien public. *ibid.*

Dans les magiſtratures d'une Démocratie, on court les mêmes riſques à bien faire & à mal faire. 37.

Les Miniſtres n'ont pas plus de liberté pour malverſer dans la Monarchie que dans les conſtitutions mixte & Ariſtocratique. 39.

Les Miniſtres, pour exércer des vexations, ſont auſſi gênés dans la Monarchie que dans la Démocratie & dans la constitution mixte, & plus gênés que dans l'Aristocratie. 41.

Parallele des différentes constitutions relativement à l'exercice de la puissance de juger, où la constitution monarchique balance à cet égard la constitution mixte & l'emporte sur les constitutions démocratiques & aristocratiques. 45.

Parallele des principes des différens Gouvernemens où le principe de la Monarchie paroît être plus sûr & moins fragile & plus réparable que le principe du Gouvernement Républicain. 48.

La prétérition de la République fédérative dans le parallele des différentes constitutions n'est qu'apparente. 64.

Résultat du parallele des différentes constitutions. 74.

Conséquence à laquelle il faut se restreindre après toute cette première partie. 79.

SECONDE PARTIE. 83.

Seconde proposition à démontrer. *ibid.*

Démonstration. La supposition d'une institution de Gouvernement, régulièrement faite, exige d'autres suppositions ou conditions impossibles. *ibid.*

L'institution des Gouvernemens ne peut gueres être rangée que dans la classe des quasi-contrats. 85.

Les premiers Gouvernemens, selon M. de Montesquieu, auront été despotiques. 86.

Que penser d'un Gouvernement établi par les représentans d'une nation, ou par la nation elle-même? 87.

Quelle conduite tenir dans l'institution d'un Souverain, par exemple, après l'extinction de la famille régnante ? 89.

Conséquence de cette seconde partie; la proposition qu'il falloit démontrer. 91.

TROISIEME PARTIE. 93.

La troisième & principale proposition est déjà la conséquence des deux propositions préalables. *ibid.*

Ce qui composera la démonstration de la proposition principale. 94.

Il est très-avantageux pour une nation que la possession de son Souverain soit très-ancienne. 96.

Différences dans les devoirs des sujets envers le Souverain, quand sa possession est ancienne & quand elle est plus ou moins récente. 97.

Devoirs des sujets dans un Gouvernement dont l'institution originelle est tout-à-fait obscure. 102.

Devoirs des sujets dans une constitution substituée à quelqu'autre constitution solemnellement établie. 103.

Le devoir des sujets dans une constitution substituée à la constitution primitive, n'est point ébranlé par cette maxime : les droits d'une nation sont imprescriptibles. 106.

Les changemens dans la forme du Gouvernement, & dans les uses qui règlent la transmission du pouvoir, sont également consacrés par l'intérêt général. 111.

Tout se décide en matière politique par l'intérêt général. 113.

Véritable idée qu'il faut attacher à ce nom, intérêt général. 114.

Quand & comment notre raison particulière doit

[297]

nous répondre de ce qui convient ou répugne à l'intérêt général ? 120.

Conséquence de ce qui précede. Certitude des devoirs relatifs à la possession récente dans l'ordre politique. 125.

On peut contester les conditions attachées à la conséquence précédente. 126.

Évidence du vœu de l'intérêt général par rapport à la possession récente dans l'ordre politique. 127.

Objection contre le dernier raisonnement. 133.

L'intérêt général ne se contredit-il pas lui-même touchant la possession récente dans l'ordre politique ? 136.

Le vœu de l'intérêt général touchant la possession récente dans l'ordre politique, n'est-il point contredit par la justice ? 139.

Le droit qu'ont les hommes de punir les crimes, ne les suppose point autorisés à venger l'immuable justice. 140.

En obligeant tous les hommes de se faciliter mutuellement le recouvrement de leurs droits légitimes, la justice n'a point combattu le devoir que prescrivoit l'intérêt général, relativement à la possession récente, dans l'ordre politique. 146.

Pendant la durée du calme civil dans un État, l'intérêt général suspendoit l'existence même des droits des Souverains injustement dépouillés. 150.

Premier motif de démontrer la précédente assertion. 151.

Seconde raison de démontrer la même assertion. 152.

Troisième motif plus décisif de démontrer la même

aſſertion, & première branche de ce motif. 155.
Seconde branche du même motif. 155.
Preuve de ce qui fait la première branche du troiſième motif. 156.
A ne conſulter que l'intérêt de la juſtice, l'union du
droit à la poſſeſſion ancienne & notoirement
vicieuſe, eſt ſuſceptible des mêmes difficultés que
l'union du droit à la poſſeſſion récente & vicieuſe.
157.
A ne conſulter que l'intérêt & les règles de la juſtice,
quelque fut le Souverain muni d'une poſſeſſion ancienne, dont l'origine ſeroit incertaine, l'union
du droit à cette poſſeſſion ſouffriroit autant de
difficultés que l'union du droit à la poſſeſſion
récente & vicieuſe dans ſon principe. 160.
A ne conſulter que l'intérêt du genre humain, il eſt
viſible qu'il ſeroit très-déſavantageux que, dans
l'ordre politique, le droit ne pût s'unir qu'à la
poſſeſſion ancienne, au lieu de s'unir à la poſſeſſion
récente & à la poſſeſſion ancienne. 166.
Si la conſidération de l'intérêt du genre humain
avoit donc été impuiſſante pour fonder dans l'ordre
politique l'union du droit à la poſſeſſion récente &
vicieuſe, cette conſidération paroîtroit de même
impuiſſante pour valider la poſſeſſion ancienne,
& notoirement ou probablement vicieuſe dans
ſon origine. 170.
Preuve de la ſeconde branche du troiſième motif qui
force de démontrer l'extinction momentanée du
droit des Souverains dans les circonſtances déſignées. 172.

La formation du droit des Souverains & l'extinction de ce droit en certains cas, dérivent du même principe. 172.

Exacte signification du mot Droit ; il exprime toujours un rapport de convenance avec la justice. 173.

La raison est pour nous la cause démonstrative de tous les rapports de convenance avec la justice, & par conséquent de tout droit. 180.

L'évidente assertion de la raison est le témoignage de Dieu même. 181.

L'assertion de la raison est la cause démonstrative & la mesure des obligations qui résultent de nos consentemens. 183.

Le contrat par lequel un Souverain auroit acquis son pouvoir seroit de surérogation pour la production de son droit. 185.

Pour produire une infinité de droits & d'obligations, la raison ne se passe-t-elle pas de l'entremise des contrats ? 189.

Si l'évidente assertion de la raison n'étoit pas obligatoire, comment les consentemens le seroient-ils ? 190.

L'évidente assertion de la raison est la cause immédiate du droit des Souverains comme de plusieurs droits mis en exemple. 191.

Nul droit n'est donc plus réel que le droit des Souverains, & la raison n'est pas plus réelle. 198.

Le droit des Souverains brille du plus grand éclat quand sa formation est obscurcie par aucune idée étrangère. 200.

Tout l'éclat du droit des Souverains s'amortit si la raison ne peut pas abolir, en vue de l'intérêt général, le droit qu'elle forme uniquement en vue du même motif. 201.

Les droits des Souverains injustement dépouillés, étoient donc éteints, dans les circonstances désignées, sauf à revivre. 202.

Le crime & le droit ont subsisté conjointement dans les usurpateurs. 204.

Retour d'une réflexion ci-dessus exposée. *ibid.*

L'obligation où sont tous les hommes de se faciliter mutuellement le recouvrement de leurs droits légitimes, ne pouvoit donc, pendant la durée du calme civil, être invoquée par les Souverains dépouillés. 205.

Cromwel même eut un droit externe dont le principe ne résidoit pas en sa personne comme entre les Souverains ; les traités font acquérir à l'injuste agresseur un droit externe sur les objets à lui cédés. *ibid.*

Il n'importe que l'injustice ait été manifeste dans l'usurpation de l'autorité souveraine & qu'elle soit problématique entre Souverains qui se font la guerre. 214.

Le droit externe résultant des traités faits entre Souverains ne devient vraiment incontestable que par la considération de l'intérêt du genre humain. 215.

Ce qu'il faut penser d'après ces principes de l'action de Brutus & de Cassius. 216.

Si Charles II a dû trouver pendant un tems un

obstacle à son rétablissement dans les principes ici posés, cela ne doit pas être imputé à la régle, mais à la violation qu'elle avoit essuyée. 221.

La révolution qui reporta Charles II sur le trône n'eut rien de contraire aux principes établis dans ce Discours. 224.

Les principes établis dans ce Discours sont les seuls propres à enchaîner les factieux, bien loin qu'ils puissent les encourager. 232.

Il n'est pas possible de fonder d'une manière stable le droit des Souverains sur le consentement tacite des sujets résultant de leur soumission. 240.

Après la démonstration de la principale proposition de ce Discours, après l'éclaircissement des difficultés qui l'ombrageoient, nouveau genre de preuves qui la rend plus recommandable. 244.

1°. Les principes d'où découle la principale proposition de ce Discours sont les premiers principes du droit naturel. 245.

2°. Les principes qui fondent le droit des Souverains sont les seuls principes justificatifs du droit de propriété publique & particulière. 256.

Origine du droit de propriété des particuliers. 264.

3°. Les principes qui servent de base au droit des Souverains sont par une double raison les principes fondamentaux de toutes les loix humaines. 267.

4°. Les élémens dont est formée la principale proposition de ce Discours sont les seuls principes justificatifs des plus importantes loix civiles & criminelles. 269.

5°. Les principes qui servent de base au droit politique ont servi par-tout à M. de Montesquieu de règle & de mesure. . 273.

1°. M. de Montesquieu interdit, pour le plus grand intérêt de tous & de chacun, les soulèvemens contre le Despotisme malheureusement établi. 274.

2°. M. de Montesquieu admettroit l'usage de la torture pour supplément de preuve, si le plus grand intérêt de tous & de chacun le demandoit. 279.

M. de Montesquieu reconnoît pour fondé en droit l'esclavage même s'il est quelque contrée où il soit fondé sur le plus grand intérêt de l'esclave. 281.

Conséquences générales de la nature du principe qui fonde le Droit des Souverains. 290.

Fin de la Table du Tome Second.

[303]

ERRATA DU IIe. VOLUME.

Pages.	Lignes.		
7.	13.	s'y refuser, *lisez*, les observer.	
9.	13.	depuis le mot c'est-à-dire, jusqu'à la fin de l'alinéa, il ne faut point de guillemets, ce n'est pas M. de Montesquieu qui parle.	
17.	8.	tribunal, *lisez*, tribunat.	
18.	9.	les guillemets doivent continuer, M. de Montesquieu parle jusqu'à la fin de l'alinéa.	
54.	6.	soumise, *lisez*, soumis.	
61.	11.	pas pourtant, *lisez*, pourtant pas.	
71.	7.	il s'explique, *lisez*, il explique.	
75.	14.	sur-tout, *lisez*, sur toute.	
76.	1.	l'indépendance, *lisez*, la dépendance.	
86.	9.	disent, *lisez*, dirent.	
88.	7.	ressemblance, *lisez*, vraisemblance.	
88.	9.	voir, *lisez*, vouloir.	
131.	14.	avant le mot entraîne, *ajoutez*, elle.	
132.	5.	membres, *lisez*, meurtres.	
141.	5.	peut, *lisez*, veut.	
142.	2.	que, *lisez*, qui. Même page, ligne 3, causeroit, *lisez*, causeroient.	
149.	18.	s'unissent, *lisez*, s'uniront.	
166.	13.	point, *lisez*, droit.	
169.	17.	Comme, *lisez*, comme.	
186.	1.	ces, *lisez*, ses.	
187.	14.	noble, *lisez*, double.	
198.	11.	après le mot de, *ajoutez*, nous.	
218.	21.	&, *lisez*, à.	
235.	18.	reussent, *lisez*, fussent.	
246.	10.	domination, *lisez*, dénomination.	
248.	20.	domination, *lisez*, dénomination.	

Pages. Lignes.
258.   10.   ajoutez une virgule après le mot civil.
262.   13.   ferré, lisez, sacré.
265.   11.   leur possession, lisez, leurs possessions.
279.   1.   s'adopteroit, lisez, s'adapteroit.
281.   2.   &, lisez, à.

www.ingramcontent.com/pod-product-compliance
Lightning Source LLC
Chambersburg PA
CBHW071346150426
43191CB00007B/860